〈離婚

夫婦を襲う中学受験クライシス

おおたとしまさ

集英社

人は意識のうえでは愛されないことを恐れているが、
ほんとうは無意識のなかで、愛することを恐れているのだ。
（エーリッヒ・フロム『愛するということ』鈴木晶訳より）

本書は多数の取材を元にした書きおろしセミ・フィクションです。
取材対象者のプライバシーを配慮し、登場人物や学校名などはすべて、
近しい別の学校や塾などに変更したうえで仮名表記としています。
受験の年次なども一部変更しています。

目次

第一章

夫

ピカッ！　スーッ　カシャン
ピカッ！　スーッ　カシャン
ピカッ！　スーッ　カシャン
さらに五〇〇円玉を投入する。
チョリン
機械の中で硬貨の山に五〇〇円玉がぶつかり、鈍い音をたてる。
なんでこんな時間に、俺がこれをやらなきゃいけないんだ。あのひとはいまごろきっとすやすや寝てるんだろう……。余計なことを考えたら手元が狂い、理科の問題の最終ページが若干斜めってしまった。
くそっ。
妥協は許されない。失敗したコピー用紙を二つ折りにして、コピー機の脇にあるゴミ箱へスッと差し入れる。もう一度、丁寧にコーナーを揃えて、拡大率を確認し、コピーボタンを押す。すでに二〇分以上、何十回とコピーボタンを押している。考えてみればたかだか二〇分程度ではあるが、もう何時間もこうしているように感じる。これ以上やっていたら、コピー機と自分が一体化してしまいそうだ。でも、あと一年分残っている。

うっかり深呼吸をしてみるが、コピー機が発する光と音と熱とで汚染された、深夜の都心のコンビニの空気は、金井穂高《かないほだか》の全身の細胞をいっそう気だるくさせるだけだった。

ずいぶんとくたびれた背広姿のサラリーマンが、五〇〇ミリリットルのストロング缶を一本レジに差し出し、タバコの番号を伝える。「ポイントカードはありませんか？」。若い店員のイントネーションから、彼が外国から来ていることがうかがえる。

長男のムギトが小六の二学期を迎えてから、週二〜三回のペースで、穂高はこのコンビニに通っている。中学入試の過去問集を見開き単位で拡大コピーするためだ。たとえばW大学高等学院中学部の二〇一六年度入試は、問題だけで二五ページ、解答用紙が四ページ、解答解説が一六ページ。合わせて二五回コピーしなければならない。

第一志望校と第二志望校についてはそれぞれ一〇年分をぜんぶやれと塾から言われている。第三志望校については五年分。それ以外の学校は三年分。しかも複数回受験を行う学校の場合、ページ数は二倍、三倍になる。

拡大コピーしただけでは終わらない。カッターで余白を切り取り、できるだけ本物に近い形で取り組めるように整える。そこは広告代理店に勤める穂高自身の職業柄ゆえのこだわりなのだが。仕事の合間を縫って、その作業を行う。

流れ作業になれば一枚あたり一〇秒ほどでコピーはとれるが、問題を解く子どもは一枚一枚に何十分という時間をかける。中学受験生の親として、これくらいのことはしてやらなければならないことには合点《がてん》がいく。しかし、なぜ、あのひとは知らんぷりなんだ？妻の杏《あん》のことである。

いくら家事や育児が忙しいといったって、専業主婦なんだから、俺よりは時間の自由もきくだろう。子どもたちが小学校に行っているあいだに、家の近所のコンビニでコピーくらいしておいてくれてもいいだろう。それを自分がカッターで整えるという役割分担なら納得できる。でも、あのひとは何もしてくれない。

コピー機のガラス面に過去問集を伏せて置き、ページをまたぐ部分ができるだけ黒い影にならないようにぎゅっと力を入れながら、ボタンを押す。コピー機が発する一瞬の閃光の中に妻の顔が浮かんでは消えていく。そのたびに、ほとんど怒りに近いみじめな感情が自分の中で脈打つようにこみ上げてくる。でも、これも自分の「仕事」だから、やるしかない。

ちょっとは手伝ってくれないかと、杏に頼んだことはある。頼んだというよりはほとんど吐き捨てるように、ちょっとはやってくれてもいいだろうと、当たってみたことがある。

杏の返事は、「A3のコピー機をリースしているおうちも多いらしいよ。そんなに大変なら、うちもそうすればいいじゃん」だった。「そういう話じゃなくね?」と反論すると、「だって、あなたが自分でやるって言ったんでしょ。私がやってもどうせ曲がってるとかなんとか文句言うでしょ」とあっさりとかわされる。

おしゃべりで、社交的で、外面《そとづら》はいい。存在感があり、学生時代から目立っていた。でも、性格は大雑把で、家の中では完全におじさん化している。コロナ禍になって、家でいっしょにすごす時間が増えてわかったことだが、子どもが小学校に行っているあいだ、いつもテレビで情報バラエティー番組ばかりを見ている。

社交的なわりには、友人が少なく、誰かと連れだって出歩くこともあまりない。もともと文学少女で、どこか陰がある。その陰の正体が何なのか、夫の穂高にもわからない。もしかしたらそのせいで、子どもを褒めてやれないのかもしれない。子どもの身の回りの世話はしっかりしているほうだと思うが、褒めているのを見たことがほとんどない。

国語の解答用紙をコピーして、この日予定していた分のコピーがようやく終わった。深夜二時をとっくに回っている。コピーの四つ角をきれいにそろえ、A3の封筒に入れ、広告の図版などを運ぶときに使う仕事用のカバンに丁寧にしまう。硬貨返却ボタンを押すと、百円玉と十円玉がジャラジャラと落ちてきた。それをいったんポケットにしまい、おつまみコーナーでチーカマを、ドリンクコーナーでチューハイの三五〇ミリリットル缶を手に取り、レジへ向かう。

「袋もお願いします」

ポケットからさきほどの小銭を取り出し、足りない分を財布から補う。

表に出ると人通りはまばらで、流しのタクシーをすぐにつかまえられた。

「とりあえず、都立家政の駅を目指してください。そこから先はまた説明します」

「はい」

タクシーの窓を少しだけ開ける。流れ込む都心のビル街の空気には、日中のほてりがまだかすかに残っていた。

「運転手さん、ちょっとこれ、飲んでもいいですか？」

「どうぞ」

「どうも」

チーカマのビニールをむき、炭酸が吹き出ないように注意しながら缶チューハイのプルタブをゆっくりと開ける。爽やかな刺激が喉を通り抜け、乾いた体に沁みわたる。チーカマをひとくちかじると、さらにもうひとくちチューハイを飲みたくなる。さきほどまで打ち寄せていた怒りに似たみじめな感情の波がクールダウンしていく。こうやって、やりすごすしかない。

帰宅してすぐにシャワーを浴びて床に就いたとしても三時過ぎ。二時間ちょっとしか眠れない。朝六時からはムギトとの朝勉強の時間だからだ。

杏はあとから起きてきて、家族全員分の朝食をつくる。その間、穂高は洗濯機を回し、それを干してから出社する。コロナ禍で在宅勤務も可能だが、狭い家の中で杏と一日中いるのは気が重い。できるだけ出社するようにしていた。

中学受験を言い出したのは杏のほうだった。杏は首都圏の郊外出身、穂高は熊本の出身で、どちらにも中学受験経験はないが、ふたりが出会ったW大学には、私立中高一貫校出身者の友達も多く、なんとなく雰囲気は知っているつもりでいた。現在住んでいる中野区では、中学受験はごく一般的なことであり、杏はママ友から情報を得ていた。小学校では低学年から塾に通う子も多く、ムギト自身も「塾に行ってみたい」と言っていた。小三のときだった。

Ｗアカデミーを選んだのも杏だった。真面目な性格のムギトのことだ。熱血講師に厳しく指導されれば、必死にそれに食らいついてくれそうだと判断した。Ｗアカデミーはそういう塾だと聞いていた。小三の二月から、最寄りのＷアカデミーの校舎に通い始めた。

理科の先生がこんな話をしてくれた――。算数の先生がこんな解き方を教えてくれた――。小学校の先生とはちょっと違う、ある意味癖のある先生たちから、さまざまな刺激を受け、感化されているのがわかった。中学受験塾って、ただ勉強を詰め込むところではないんだなと知った。

三つある小四クラスのうち、いちばん上と真ん中のクラスを行ったり来たりしていた。御三家といわれるようなトップ校を狙える感じではないけれど、頑張れば、それなりの有名校には手が届くのかなという手応えは当初からあった。

でもまだ小四の時分には、穂高の興味はバスケットボールに向いていた。小学校に入った直後から、ムギトは地元のバスケのクラブチームに所属している。専門の指導者がついているので、お父さんコーチは必要とされないが、毎週末の練習や試合には穂高が付き添い、ムギトに熱心なアドバイスをおくっていた。

高校までバレーボールで鍛え、体育会系精神が染みついている穂高は、バスケについては厳しかった。練習での課題を明確にし、克服し、試合で成果を出すことをムギトに求めた。やると決めた練習をサボったときには厳しく叱った。男と男の約束は絶対だった。

一方、杏も、受験勉強にはノータッチだった。勉強を見てやるようなことはないけれど、テストの結果が悪いと、結構な口調でムギトをなじった。穂高は杏のその態度に、ひっかかりを感じていた。そんなに言うなら、少しは勉強を見てあげればいいのに……。

杏はもともとひとを褒めるのが上手なほうではない。でもただ叱ったって子どもの成績が伸びるはずがない。何を頑張ればいいのかすらわからないまま叱られ続けたら、子どもは壊れてしまう。解法まで親が教える必要なんてないけれど、勉強のやり方くらいは教えてやってもいいんじゃないだろうか。とはいえ、穂高自身が手を出すつもりもない。

小五になっても、穂高はバスケを優先させた。同学年には上手な子が何人かいて、このチームなら都大会の上位を狙えるのではないかと、皮算用していた。ただ、月に一回の組み分けテストの送り迎えは担当したし、K城、K東、S鴨、M蔵、W中高、W学院など、気になる学校の文化祭には、家族みんなで楽しく参加した。それぞれの学校の違いがよくわかった。

なかでもムギトが気に入ったのが、W学院、つまりW大学高等学院中学部だった。施設が充実しており、家からも通いやすく、そして何より、両親の母校であるW大学に内部推薦で進学できる。

W大学系列の高校には「付属校」と「系属校」の二種類がある。付属校はW大学の直系。系属校は別法人によって経営されている学校だ。直系の付属校は、東京都練馬区にあるW学院と埼玉県にあるW本庄の二校。W本庄は高校のみで中学受験はできない。大学の隣にあるW中高は実は別法人が運営する系属校だ。

自分の母校への進学を希望してくれていることについては、嬉しい半面、大学受験で頑張る姿も見てみたいというのが穂高の本音ではあった。

穂高自身、高校まではほとんど勉強もせず、バレーボールばかりしていた。浪人中に通った予備校で人生が変わった。生まれて初めて勉強が面白いと感じられた。予備校の講師たちは受験勉強だけでなく、哲学書などさまざまな書物の読み方まで教えてくれて、世界の広さを知った。

一年でぐんぐんと成績は伸び、東大を狙えるまでになった。数年前までは考えられないことだ。そもそも穂高の両親は高卒。四人きょうだいの上三人もみんな高卒。大学進学を志したのが、家族の中では穂高が初めてなのだ。親戚中を探しても、東京の大学に行った者はほとんどない。金井家の期待を一身に背負っていた。

東大にはあと一歩届かなかったものの、穂高のW大学進学は、地元の小さな町でもちょっとした話題になった。その成功体験があるから、戦略的、計画的に努力を重ねれば、受験はひとを成長させると穂高は信じている。中学受験なんてやってもやらなくてもいい。本丸は大学受験だと思っている。ムギトだって、大学受験で頑張れば、東大は無理にしても一橋や東工大には受かるかもしれない。そんな七年後も見てみたかった。

大規模な模試では、志望校を上から順番に書いて、それぞれの合格可能性が示される。第一志望の欄に、ムギトはW学院と書いた。でも、結果は散々だった。本人任せには限界がある。親の関与が必要だと穂高は感じた。

一方、杏は相変わらずテストの結果を叱るだけ。叱るというより、単にけなしているようにすら見える。ムギトなりに頑張っているのに、褒めている感じをついぞ見たことがない。

杏の家族でも、大卒は杏一人だけ。高校までは地元の公立に通ったが、いわゆる地頭がいいのか、大学受験では塾の力も借りずにW大学に合格した。だから、できない子の気持ちがわからないのだと、穂高は見立てる。「いいところを見つけてもっと褒めてやりなよ」「叱るんじゃなくてやり方を教えてあげたほうがいいんじゃないの?」と、穂高は杏に求めるが、のれんに腕押し。

もどかしい膠着《こうちゃく》状態が長引いた。口を開けば雰囲気が悪くなるので、夫婦の会話はどんどん減っていった。

家庭の中で大きな地滑りが生じたのは小五の一一月のことだった。

日曜日の夜、バスケチームの幹事会に参加していた穂高が帰宅すると、その日受けた組み分けテストの自己採点結果を前にして、杏が大声でムギトを罵倒《ばとう》していた。

「なんでこれしかとれないの?」

「理由を説明しなさい! それができなかったら改善のしようもないでしょ」

「ちゃんとやってるならこの成績でもママは怒らないよ。でもあんたはさぼってばかりだったじゃん。ユウマくんは朝早起きして勉強してるってよ。カリンちゃんは毎日自習室に通ってるってよ」

「W学院に行きたいんでしょ。でもこれじゃ、W学院どころか、どこも受かんないよ」

「やる気がないんだったら、中学受験なんてやめちゃいなさい。ママは全然構わないよ。ていうか、いまのあんたに中学受験をする資格なんてないんじゃないの？　自分ではどう思ってるの？　ねぇ、泣いてばかりいないで、ちゃんと答えて！」

　何を言われても、ムギトはさめざめと泣くばかりである。

　杏がしっかりムギトの中学受験にかかわったうえで、結果について不平を言うならまだわかる。でも手を貸すようなことは何もしていないのに、結果だけを見てこれほどまで責めるのは卑怯《ひきょう》じゃないか。そうは思いつつ、ひとまず穂高は黙ってなりゆきを見守る。

　怒りが収まらない杏は、ムギトの両腕をぎゅっとつかんで、「このまえあなたは、悪い点だった算数のテストを隠してたでしょ。ママ、見つけたんだからね。そうやって自分をごまかしてばかりいるからこんな点しかとれないのよ！」と、妹も見ている前で過去の話まで持ち出して糾弾《きゅうだん》している。もしかしたら、テストの一件を穂高にも伝える意図があったのかもしれない。

　恐怖でおののくムギトに杏は容赦なくたたみかける。

「自分でできないんだったら、私が勉強を管理しようか」

やるつもりもないのに、嫌みとして言っているだけの杏の言葉が、穂高の堪忍袋の緒を切った。

「いい加減にしろ！」

あらん限りの大声を出してダイニングテーブルを叩いた。マンションの隣の家まで聞こえているかもしれない。

杏をぎっと睨《にら》んで言う。

「そんなこと、妹も見ている前で言っていいことじゃないだろ。少しはムギトの立場になって、考えてからものを言え」

いくら部下を叱るとしても、人前で恥をかかせてはいけないのは、管理職としての常識だ。

次にムギトを睨んで言う。

「お前も泣いてばかりいないで、男なら少しは言い返せ！　情けない……。男なら、そんなめそめそと泣くな！」

しばらく沈黙が続いて、お互いがお互いの表情をうかがっている。テーブルをあんまり強く叩いたせいで、手のひらがじんじんしていることに穂高は気づいた。冷静にならなければいけない。

「さ、ごはんを食べましょう」

不気味なほどに穏やかな口調で、穂高は家族を食卓へと促す。頬を涙で濡らしたまま、ムギトも席に着く。用意してあった食事をダイニングテーブルに並べ終わると、さあ食べようというタイミングで杏が沈黙を破る。

「パパがいると話せないよね」

まゆをひそめた穂高が杏の顔をのぞき込む。でも杏は穂高の目を見ることなく、続ける。

「パパは家のことなんてなんにもわかってないのに、ただ威張って、大声を出して……。あなたたちだってパパが怖いでしょ」

「そんな言い方はないだろ」

穂高がいちど手にした箸を置いて反論する。ムギトも妹のミヅキも、皿の上に置かれて冷めていくばかりのハンバーグをただ見つめている。

たしかに日ごろの子どもたちの世話や、食事の用意や、塾弁づくりや、平日の塾の送迎は妻に任せきりだ。でも、自分だって、洗濯と掃除を担当し、毎月の塾代を振り込み、その他の塾関係の手続きもすべて引き受け、保護者会にも参加している。それなりに役割分担はできているつもりだ。むしろ、もうちょっと杏に頑張ってほしいというのが穂高の本音である。

穂高が杏を睨む。その凄みに気づいた子どもたち二人は、また罵《のの》り合いがぶり返すのではないかと、息を呑む。だが、杏は穂高の刺すような視線に気づかないふりをして食事を続けた。

食後、ムギトの部屋で冷静になって語りかける。

「今日のテスト、パパにも見せてよ。W学院に行きたいんだろ。自由でいい学校だよね。でも、いまのままでは手が届きそうにないね。どうしたらいいと思う?」

「勉強は頑張ってるつもりなんだけど、なんで成績が上がらないのかわからない」

本人なりに現実が見えてきて、危機感を抱いているようだ。

「じゃあ、パパといっしょに作戦を立てながら勉強をしてみようか。勉強にはやり方があるんだ。パパには中学受験勉強は教えられないけど、勉強のやり方なら教えられるぞ」

「えっ、ほんと?」

ムギトが目を大きく見開き、穂高がうなずく。

「ほかに何か困っていることはない?」

「このまえ下のクラスに落ちたとき、女子たちにバカにされてムカついた」

「よし、じゃあ、俺たちでその子たちを見返してやろう！」

実はちょうどそのころ、穂高は会社で部署を異動した。新規事業開発を任され、教育分野もその範疇《はんちゅう》に入っていた。ムギトの中学受験もネタになるかもしれない。そう思い、いままで読んだことのなかった中学受験指南書や中学受験漫画を読み漁ったところだった。

コミットすると決めたからには妥協はしない。合格というミッションを達成するための「仕事」としての中学受験。家は会社で家族は社員。そう覚悟を決めた。自分の役割を知るうえで、SNS上で中学受験の父親たちが公開している「俺の中学受験」的なマニアックな情報が役に立った。

毎週の塾の宿題をどういうペースでこなしていくのか一週間のスケジュールをきっちりと立てて、そのとおりにできたかどうかを記録させるようにした。朝六時に起きて小テストをやり、穂高が丸をつけて、間違いを直す。その代わり、夜は一〇時には寝かせた。

塾での毎回のテストの結果は、エクセルに入力し、どの教科がどれくらいの偏差値であるかがパッと見でわかるように色分けした。偏差値六〇以上は青、六〇を切っていると黄、五五を切っていると赤。どの教科が足を引っ張っているのかが一目瞭然となる。規模が大きな模試であれば、単元ごとの正答率も出る。それをもとに、どうすればその教科の成績を上げられそうかについては本人に考えさせる。そこまで細かいところになると、中学受験を経験していない穂高にはわからないし、授業を受けている子どものほうがわかっているはずだからだ。

穂高が参謀についたことで、ムギトには迷いがなくなった。テストの結果をふりかえり、自分の課題を抽出し、計画に落とし込んだら、あとは余計なことは考えず、粛々《しゅくしゅく》とその計画をこなすべく、目の前のことに集中すればいい。

つまり穂高がしたことは、スケジュール管理とTODOリストの管理と状況把握のお手伝いだ。真面目なムギトにはこれが効き、成績が安定した。

面白くないのは、急に蚊帳《かや》の外になってしまった杏である。ムギトの成績が安定してきたことを、穂高はきっと自分の手柄のように思っており、家の中でますます天狗になっている。杏の目にはそう映った。

赤ちゃんのころから読み聞かせをして、幼児用教材や英会話のＤＶＤまで買いそろえて、夫がほとんど不在だったマンションの一室で、家事やお散歩の合間にやらせていたのは自分。それがどれだけ大変だったか。

中学受験について調べて、息子にそういう選択肢があることを説明したのも自分。いろいろな塾の情報を聞いてきて、Ｗアカデミーを選んだのも自分。塾弁をつくり、塾まで送り迎えもする。前提として、これだけコミットしているのに、おいしいところだけを夫にかっさらわれる。

私の苦労も知らないで……。

まるで自分が優秀なプロジェクトマネージャーであるかのように家の中でふるまう穂高が気色《きしょく》悪かった。

バスケのときに見せていたのと同じキャラ設定で、息子に課題認識を促し、それをどうやって克服するのかを考えさせ、計画を立てさせ、その進捗状況を逐一報告させている。

会社でも同じ顔して仕事してるんだろうな。

異動した新しい部署で穂高は、責任ある立場のマネージャーを任されているらしい。忙しい、忙しいといいながら、帰宅してから中学受験関連のサイトやブログやＳＮＳを読み漁っているのを杏は知っている。

杏は杏で、穂高がいないあいだにできるだけ勉強をサポートしようと試みた。

「ねぇ、ムギト。このまえの模試ではたしか国語の成績が良くなかったよね。それなのに、算数をやってて大丈夫なの？」

「ねぇ、ムギト。そっちの問題集はこのまえもやっていたでしょ。でも成績上がんなかったじゃん。もっと難しい、こっちの問題集をやってレベルアップしたほうがいいんじゃないの？」

「ねぇ、ムギト……」

が、「でも、パパが」と言われて、ほとんど無視される。しまいには「中途半端に口を出すのはやめてくれる？」と穂高からも注意をされる。

中途半端？　はっ？　途中から中学受験に首を突っ込んできたのはあんたのほうでしょうが。私がこれまでどんだけの労力をかけてきたのかわかってんの？　口には出さないだけで、表情にはそんな思いがありありと浮かぶ。穂高もそれに気づき、一瞬見下したような表情をして、視線をそらす。

穂高が中学受験にコミットするようになってから、夫婦の会話はどんどん減っていった。

新しい模試の結果が出たが案の定、国語がまた足を引っ張っている。その割に、算数の成績は伸びていない。ほら、やっぱり！　穂高の言うことなんてあてにならない。

「ムギト、また国語がこんな成績じゃないの！　だから国語をもっと頑張りなさいって言ったでしょ。こんなんじゃW学院入れないよ！」

「ユタカくんは個別指導の塾にも行ってるらしいよ。あなたもそうしたほうがいいんじゃないの？　パパとやってても全然成果が出てないじゃん」

杏が否定したいのは目の前の息子じゃない。ムギトに手取り足取り指図する穂高のやり方だ。でもつい強い口調で息子に突っかかってしまう。

自分だって母親だ。息子の成績が伸びるのは嬉しい。でも半面、息子の成績が伸びたことを認めるのは、中学受験生の父親としての穂高の手腕を認めたことになる。そこに杏のジレンマがあった。

穂高は大学のスキーサークルの同期だ。在学中は特に縁はなかったが、卒業してからときどき食事に行くようになった。大恋愛をしたわけではないが、三十路を過ぎたころに、このひとでいいか、と決めた。

どちらも負けん気が強い。結婚当初からよく口論になった。どちらが夫婦の主導権を握るのかを、常に争っているところがある。

ただし、経済的には夫に完全に依存している。それが悔しい。大学卒業後はフリーのライターとして雑誌社などの仕事を受けていたが、子どもができてからはほとんど仕事をしていない。

自分の仕事を犠牲にして子育てに専念し、穂高の仕事を支えているのに、ねぎらいの言葉ひとつかけてもらった記憶がない。やって当たり前だと思われている節《ふし》がある。

かといって、穂高の稼ぎがそれほどいいわけでもない。生活に不自由はないが、家計のやりくりはそれなりに大変だ。ちょっとそのことをなじったら、ものすごい剣幕でキレられたことがある。痛いところを突いてしまったのだろう。

バスケの幹事会や塾の説明会に出てくれたり、それに付随する事務手続きもやってくれる。でも、家事分担といえば、やってくれるのは朝の洗濯くらい。それらの家のことも、家族が大事だからとか、妻が大変そうだからとか、そういう感情的な理由からではなく、会社での仕事と対等なタスクとして淡々とこなしているように見える。きっと、彼にとっては、与えられた役割をいかに合理的にシステマチックにこなせるかというゲームなのだ。そこに人間の温かみや妻への気づかいが感じられない。

そんなんで〝成果〟を出されても、嬉しくない。なのに彼には、それがわからない。

杏自身、もともと中学受験に対する思い入れは強くなかった。大学だってどこでもいい。本気でそう思っているし、その点で夫婦の価値観に齟齬《そご》はない。

そもそもどちらの出身家庭にも大卒者がいない。自分たちは高卒ばかりの家族の中から生まれた、いわば「トンビからタカ」である。たまたま速く高く飛べる翼をもって生まれたというだけで、トンビよりタカのほうが偉いとは思わないという点でも似ている。

ただ、穂高は、いかんせん几帳面で、そのうえ根性論者で、しかも「男なら」が口癖だ。バスケでも受験勉強でも、「男と男の約束」を息子に強いる。約束が守れないと、「成績が良くないことをとやかくいうつもりはないが、男と男の約束を破るのは、パパは許さない。歯を食いしばれ」と言って、ビンタをかますこともある。

そんな穂高を前にすると、子どもたちの言葉数は少なくなる。まるで昭和の父親の再現映像を見ているようなのである。

安定感が出てきたとはいえ、ムギトの偏差値はY谷大塚で五八前後。W学院の合格率八〇パーセント偏差値は六四。偏差値を六上げるのは並大抵のことではないと聞く。模試の志望校欄には当然W学院をトップに書くが、合格可能性は二〇パーセントと出る。憧れのW学院を第一志望に据えながら、MARCHレベルの付属校を落とし所として心の準備をしておくべきかもしれないと、穂高は考えていた。

ただし、私立ならどこでもいいという受験はさせたくない。やるからには逃げてほしくない。偏差値的にMARCHの付属校以下の学校に行くくらいなら、地元の公立で十分。それが家族全員の一致した考えだ。

W学院合格のためには、小六の四月から毎週日曜日に開講するWアカデミーの志望校別対策授業「NS（なんとしてでも）」のW学院対策コースに入れるかどうかが、第一関門である。そこにひっかからないのなら、現実的には、第一志望変更も検討しなければいけなくなる。

ムギトは見事第一関門をくぐり抜けた。いちばん下のクラスではあるが、かろうじてNSに参加することが認められ、首の皮一枚つながった状態だ。これには穂高も驚いた。わが息子ながら、なかなかの執念だと嬉しくなった。息子が自分の夢に対してこれだけ本気でしがみついているのだから、親としても全力でサポートする以外の選択肢はない。

そこからムギトの目の色も変わった。初めて、可能性はゼロじゃない、と思えたのだろう。おそらくNSの中でも成績的には最下層。でも毎週日曜日の授業にくらいつき、穂高のサポートを得ながら、課題も着実にこなした。普段の模試の偏差値に大きな変動はないものの、NSで受けさせられる、W学院の入試傾向に似せた模試では、そこそこの成績をとってくるようになった。W学院の問題と相性がいいのかもしれない。

一生懸命取り組んできたバスケも、中学受験が終わるまで一旦やめる、と本人から言い出した。ぎりぎりまで両立してほしい思いはあったが、本人の気持ちを優先した。いま、家族のミッションは、W学院合格。ある程度の犠牲はいたしかたない。選択と集中だ。

しかし、妻の杏は、ムギトの中学受験に積極的にかかわろうとしない。口を出したかと思うと、穂高とは逆のことばかり言うようになった。それではムギトが混乱してしまう。

たとえば過去問を解いているムギトの耳元でこんなことをささやく。

「過去にいちど出た問題なんて一〇〇パーセント出ないんだから、やってもしょうがないじゃない」

過去問を解く意味をまるで理解していない。

「そういう余計なことを言うのはやめてくれないか」

穂高が苛立ちを隠そうともせず、いや、むしろそれを積極的に伝える意図をもって、つっけんどんに言い放つ。

「あなたはいつも自分が正しいと思ってる！」

杏も言い返す。

「違うよ！　塾に言われたとおりにやっているだけだろ」

ムギトの前でもおかまいなしで、夫婦はいがみ合った。

日常生活への態度も違う。計画的でシステマチックな穂高に対し、終わり良ければすべて良しの杏。杏は穂高の神経質なところが嫌いだし、穂高は杏の大雑把でだらしないところが気になってしょうがない。

もともと互いを苛立たせる火種を十分に抱えていた。中学受験が導火線となり、ひとたび引火すると、爆発の連鎖が止まらなくなった。家の中では、激しい罵り合いと、お互いを無視する冷戦状態が二～三日おきにくりかえされた。

そんな状態だから、杏の苛立ちの矛先が近くにいるムギトに向かってしまうこともある。

ムギトは、自分のかわいい息子であると同時に、憎たらしい穂高と結託している〝敵チーム〟でもある。攻撃したくなる欲求に駆られる。いわば穂高の身代わりだ。そんなことをしてはいけないとわかっていても、一旦始まると止まらない。

当然ながら穂高にはそれが許せなかった。そしてその状況だけを見れば、杏に非があるのは明白であり、「頑張っている息子をなじるだめな母」というレッテルを貼る正当性を穂高に与えてしまっていた。

週末に家族で食卓を囲んでも、夫婦のあいだに会話はない。週末のテストやNSの送迎えの時間など、必要な連絡事項はLINEで伝え合う。夫婦の寝室はあるが、杏は毎日ミヅキの部屋で寝るようになった。このひととはいっしょにできないな……。穂高はすでに諦めの境地にいた。

幸い仕事上のストレスはほとんどない。仕事にストレスはつきもので、それをストレスだと思わない耐性ができている。息子の中学受験のサポートも、妻への対応も、「仕事」だと思えばなんてことはない。仕事なのだから、つらくて当然、大変で当然、それでも、やるのが当然。

ただ、深夜残業のあとに、コンビニで過去問をコピーするときだけは情緒が不安定になる。コピー機のあの不快な閃光が、普段は見ないようにしている自分の中のストレスをくっきりと照らし出してしまうのだった。

一一月以降のムギトの成長には目を見張るものがあった。入試本番まであと一〇〇日を切り、目の色が変わったのがわかった。塾でもかなり発破《はっぱ》をかけられているのだろう。これまで穂高の言うことに素直に従うだけのところがあったが、主体的に判断して取り組む姿勢が見られるようになってきた。穂高もいっそうの気合いを入れてムギトを鼓舞した。

過去問の点数はすべてエクセルに入力し、色分けし、どこを強化すべきかを可視化した。塾に提出して戻ってきた過去問に書かれた講師からの指示はすべて読み込み、残された時間で優先的にやるべきことを把握した。

一二月の最後の模試でも偏差値がさほど伸びたわけではなかったが、過去問では、合格最低点を超えることが増えてきた。春先には高嶺《たかね》の花でしかなかったW学院が、手を伸ばせば届くかもしれないところにまで見えてきている。

「この調子なら、十分に合格が狙えるぞ。二月一日は堂々とW学院を受けよう」

「うん」

「二日の午前はM大中野、午後にC大横浜で決まりでいいかな。C大横浜はちょっと遠くて移動が大変だけど、いま人気の学校だしね」

大学付属校がムギトの希望だった。受験勉強はこれっきりにしたいということだ。

「うん。僕はW学院以外は考えられないから、それ以外のところはパパに任せるよ」

「じゃあ、二日はその二つで決まりね。もし一月二五日でR教新座に受かっていれば、二日の午後のC大横浜は受ける必要なくなるけど。そうしたら、慌ただしい移動もしなくてすむね」

「そんなことできるの？」

「うん。R教新座が万が一だめだったら、そのあとに願書を出せば間に合うから。願書だけ出しておいて、状況によっては受けないってこともできるよ」

「へー」

「どこもいい学校だと思うから、仮にどこに行くことになっても、楽しい六年間が待っていると思うよ。でも、ムギトはW学院に入ることだけを信じて頑張りなさい。パパがぜんぶの学校に手続きはしておくから」

「ありがとう。でもその代わり、三日はやっぱりW中高の二回目を受けたい」

「えっ!?　一日のW学院より一段と難しいぞ。過去問も難しかったでしょ。家からはちょっと遠くなるけれど、もう少し入りやすそうな大学付属校もないわけじゃないぞ。MM治の二回目もあるし、H中高もあるよ」

「うん、わかってる。でも、もしW学院がだめでも、W大学の系列校に行ける可能性を諦めたくないから」

「そんなにW大学に行きたいんだな」

「それでもだめなら、諦めもつくから」

余計に傷つくかもしれない。全落ちの可能性だってある。でも勇気をもって、自分が納得できる選択を息子はしようとしている。

せっかくやるなら逃げるな。やり抜け。中学受験を通して息子に伝えたいと思っていたことが伝わっている手応えを感じた。それだけで、中学受験をした意味があったと思える。

不合格が怖くなくなった。

「よし、正々堂々、真正面からWにぶつかってこい！　かっこいいぞ！」

「うん！」

ムギトが嬉しそうに笑った。まだあどけなさが残るムギトであるが、その瞳には、頼もしいくらいの力強さが宿っていた。中学受験を通して子どもは人間的にも成長する——。本当だった。

一月二五日はR教新座。二月一日が本命のW学院。二日の午前にはM大中野、午後にはC大横浜。いまの調子なら、おそらく二日の二校のうちどちらかには受かるはず。三日はW中高の二回目入試。それでだめなら堂々と地元の公立に通おう。腹はくれた。

志望校に関しては、杏にも直接伝えた。ついでに大切なことを約束した。

「それからさ、これから中学受験が終わるまでは、何があっても喧嘩はやめよう。家族をひとつのチームだと思って、ムギトを盛り上げていこう」

杏は返事をしなかったが、そこからは家の中がピタリと平和になった。子どもたちは逆にびっくりしたかもしれない。しかし同時に、穂高は秘かに計画を練っていた。賃貸マンションの情報サイトで、手頃な物件を検索して、いくつかの目星をつけていた。

学校にはできるだけ通わせたかったが、たちの悪い感染症も流行《はや》っていた。背に腹は代えられない。一月一〇日以降は学校も休ませた。

一月中旬に、いわゆるおためし受験のために埼玉県のK智の先端特待コースを受験した。ムギトの持ち偏差値よりも四つほど上。でも、二月一日のW学院よりはやや低い。腕試しにちょうどよかった。

ガチガチに緊張してしまったらしい。結果は不合格。

さらに、一月二五日のR教新座を落とした。R教新座は偏差値妥当校。前受け受験とはいえ、実際の進学先候補にもなっていたので、この結果には、金井家全体が凍りついた。

「大丈夫。本当の勝負はここからだから。これは、俺たちの勝利を盛り上げるためのシナリオだろ。やってやろうぜ」

言葉を失いそうになっていた穂高であったが、形勢不利なバスケの試合でコーチが子どもたちにかけていたセリフをふいに思い出し、そのままパクらせてもらった。こんなところで、バスケでの経験が役に立つとは思いもしなかった。

何が起こるかわからないといわれる一二歳の入試の恐ろしさを痛感した。本命前の前受け受験でまさかの二連敗。強気の前受け受験戦略が外れた。これには穂高も焦った。自分の作戦ミスだ。二日午後のC大横浜をそっと申し込む。

でも、ムギトの心は、折れるどころか、奮起した。このままではW学院なんて受からないと、危機感が増したのだろう。さらに目の色を変えて、貪欲に勉強するようになった。二月一日まであと五日。

これが一二歳の受験なのか……。穂高がたじろぐほどの鬼気《きき》が、ムギトの全身からにじみ出ていた。いよいよ中学受験生として、仕上がってきた。自分の浪人時代に匹敵する気迫が感じられる。わが息子ながら、誇らしい。

そうだ！

穂高は思い出した。あの形勢不利だったバスケの試合で、コーチのあのセリフを聞いたあと、ムギトは逆転のロングシュートを決めたのだった。今回もきっと、大逆転のシナリオを見せてくれるはず。穂高は不安な気持ちの自分に言い聞かせた。

二月一日から三日までは会社に休暇を申請し、仕事の調整も万端にした。

二月一日。朝五時に目覚ましが鳴る。穂高とムギトはいつものように朝の勉強にとりかかる。そのあいだに、杏がいつもと変わらない朝食をつくる。心配なのか、まだ起きる必要のないミヅキまで起きてきた。

「よし、いつもどおりできたね。入試でもいつもどおりいけよ」

「うん」

穂高は自分自身も緊張していることをムギトに悟られないようにふるまった。一方、杏は本当にいつもどおり。このあたりの図太さは、自分にはかなわないところがあると穂高は認めざるを得ない。

七時すぎに家を出る。当然ながら、穂高が付き添う。K智の入試ではガチガチに緊張してしまったムギトだが、今日は落ち着いているように見える。

試験会場の入口で、「楽しんでこい」とだけ告げる。ムギトは小さくうなずいて、受験生たちの流れに溶け込んだ。

今日というたった一日のために、これまでの三年間があった。厳しいことを言って、泣かせてしまったこともある。体罰というほどではないが、手を上げたこともある。そして何より、夫婦関係は破綻《はたん》した。でも、ようやくここまでたどり着いた。偏差値的には厳しいが、過去問の仕上がりでは五分五分で合格が望めるところまで来ている。

八時半から四教科の入試が始まり、午後一時前に試験が終わる。時間的には家に帰ることも十分に可能だが、杏と二人だけでいるとまた余計なことで言い争いになりかねないので、石神井《しゃくじい》公園まで足を延ばし、ゆっくり散策することにした。

さきほどまでの緊張は消えていた。試験会場まで無事に送り届ければ、あとは本人がやるしかない。

途中で立ち寄った喫茶店でノートパソコンを開いて、仕事のメールを何通か処理する。その流れで、賃貸マンションのサイトに新しい物件情報が出ていないか、チェックする。このところ、そうすることが、穂高にとっての心の逃げ場になっている。

それでも時間をもてあまし、早めに学校の保護者控え室に移動する。試験終了時刻を過ぎると、意外に早くムギトが出てきた。

「どうだった？」

「できたと思う」

「本当か⁉」

「やりきれたと思う」

清々《すがすが》しい笑顔だった。

「それはよかった。自分の力が出せたと思えるなら、それが何よりだ」

「社会では、このまえ塾でやった予想問題にそっくりな問題も出たよ」

よっしゃ！

「やっぱりムギトはもってるなぁ」

力を出し切って満足した様子の息子を見て、それだけで嬉しくなった。W学院の結果は三日の朝にわかる。でも結果がどうであれ、この中学受験は成功だと思えた。

商店街にあったなかなかいい感じのそば屋で昼食をとり、その足で塾へ向かう。明日、明後日のための直前対策をしてもらう。

緊張を解きほぐし、励ます程度に見てくれるだけかと思ったら、結構実践的なことをみっちりやってくれるようだ。そんなにやったら疲れちゃうんじゃないかと、少し心配になるほどで、お迎えに来てくださいと自宅に連絡が来たときには、午後六時半を回っていた。

「疲れてないか？」

「うん、大丈夫」

ムギトは健気に頷いた。

二日は午前中にM大中野を受験し、その足でC大横浜に移動する。移動には一時間半ほどかかり、かなり慌ただしい。ランチは移動の合間に、コンビニで買っておいたおにぎりやゼリーですませるしかない。でも、偏差値的にはこの二つがムギトにとっての妥当校であり、この状況では絶対に落とせない。まさにふんばりどころだ。

「昨日と同じように楽しんでくれれば、きっと今日の二つなら受かるから」

そう励まして、試験会場へと送り出した。

C大横浜の試験が終わったときには夜七時を回っていた。出てきたムギトはさすがにくたくたな様子だった。表には出さなくても、内心では、絶対に落とせないというプレッシャーをひしひしと感じていたはずだ。

二月一日と二日と、二日連続で午前午後の入試を受ける受験生も少なくない。一二歳の小さな体のどこにそんな体力と精神力が備わっているのかと不思議になる。一二歳だったころの自分と比べたら大違いだと穂高は思う。

お腹もペコペコだと思うので、センター北駅のラーメン屋で夕食を手早くすませる。ムギトは味噌ラーメンとミニチャーシュー丼をたいらげた。

横浜からの家路は遠い。移動の電車の中でM大中野の合格発表時刻を迎えた。

「どうする？　いま見る？　それとも家で見る？」

穂高が尋ねると、ムギトが即答した。

「いま見る！」

入試終了時点で手応えはあった。まだひとつも合格を経験していない状況で、一刻でも早く不安から解放されたかったのだろう。

電車の中で、スマホでM大中野の合格発表専用サイトを開き、実際の受験票を見ながら受験番号を入力する。そこまでを穂高が行い、最後のタップは本人に任せる。ムギトの小さな手に握られた液晶画面に「おめでとうございます。合格です」の文字が表示される。

「よっしゃー！」

電車の中で、声を押し殺して喜びを噛みしめる。隣の席のムギトをヘッドロックするような姿勢で抱きしめる。

K智の不合格はしょうがない。しかし一月二六日にR教新座にも落ちていることを知ってから今日までの一週間が長かった。あれだけ頑張って来たのに、もしかしたらこのままどこにも受からないんじゃないかという不安との戦いだった。あの呪縛から、ようやく少しは開放される。

「あぁ、よかった～」

ムギトが思わずもらしたひと言が、まるで他人事のように聞こえる。しんどすぎて、むしろ自分の置かれた状況を極端に客観視していたのだろう。

「これでひと安心だな」

「模試じゃなくってさ、本物の合格をもらえるって、すごく嬉しいね」

初めての合格を手にして、強行軍の疲れが吹き飛んだ。これで、精神的にはいい状態で明日のW中高に挑戦できる。明日はその入試のあいだに、いよいよW学院の結果も出る。

「明日の発表は、お前が受験しているあいだにパパが見ておこうか？　それともW中高が終わってから自分で見るか？」

「自分で見たいから、パパは見ないで」

そう答えたときのムギトの目が、どきっとするほどに真剣だった。絶対に受かりたいんだという気迫がそうさせるのであろう。

「おっ、おう。わかった。あ、そうだ。ママにもM大中野の合格を報告しなきゃね」

LINEで「M大中野合格」とだけを送信する。すぐに「いいね」のスタンプがついた。

三日、W中高はもともと当たって砕けろである。

中野から横浜に移動して一日中入試を受けてへとへとだったうえに、初めての合格を手にしてほっとして、よく眠れたようだ。思いのほかすっきりした表情で目覚めて、いつもどおり朝の課題にとりかかる。

朝六時にはC大横浜の結果が出ているはずだが、目の前の入試に集中させるためにあえてまだ結果は見ない。ムギトにはW中高の入試中には発表されるからとだけ伝えて、実際、試験中に穂高が確認しておくことにした。

完全にリラックスした様子で、ムギトは試験会場に入っていった。小三の二月に塾に通い始めたときには、こんなに立派に成長するなんて想像もできなかった。試験会場に入っていく小さな後ろ姿を見るのはこれで最後だと思うと感慨深いものがあった。次に彼の後ろ姿を見るのはいつになるのだろう。家を出ていくときだろうか。そのときは、一八歳だろうか、二二歳だろうか……。

ムギトの背中を見届け、近くの電信柱の脇でスマホを取り出す。C大横浜も無事合格していた。R教新座を落としたときにはどうなることかと思ったが、そこからの二勝。一つ一つの合格が、これまでのムギトの努力を祝福してくれているようで、心から嬉しい。

一二時半に入試は終わり、ムギトが出てくる。

「難しかったぁ〜」

「そうか……。あっ、でも、C大横浜は合格してたぞ!」

「ふ〜ん」

「もっと喜べよ。すごいことなんだぞ。ま、おなかもすいてるだろうから、とりあえず何か食べようか」

「でも、そのまえに、W学院の結果を見たい。パパ、まだ見てないよね？」

「うん、見てないよ。どこで見る？」

「う〜ん……。W大学の中に入ってみたい」

「えっ、あ、そう」

かつて通い慣れたキャンパスを案内すると、ムギトがO隈重信像に気づいた。

「あーっ。これ、O隈重信でしょ」

神妙に見上げると、つぶやくように言った。

「僕、ここで合格発表を見たい」

「あ、いいね」

穂高はカバンからスマホを取り出すと、W学院の合格発表専用サイトにアクセスし、慎重に受験番号を入力した。あと一回タップすれば、結果がわかる。うっかり画面を触らないように注意しながら、ムギトに差し出す。

「ちょっと待って！」

ムギトはそう言うと、O隈重信像に向かって背筋を伸ばし、手を合わせて深々と一礼した。その姿は、神々《こうごう》しいほどに美しかった。

頭を上げるとやや緊張した面持ちで穂高を見上げる。穂高も無言でスマホを手渡す。その手はかすかに震えていた。穂高はそのまま目を閉じた。ムギトの声が聞こえるまで、その目を開けまいと決めた。

しかしなかなか声が聞こえない。

とうとう待ちきれなくなって恐る恐る目を開けると、口をへの字に結んで、目に涙を溜めて、ムギトが呆然とスマホの画面を見つめていた。その悲痛な表情から、スマホの画面を見なくても、穂高は結果を知ることができた。

「よく頑張った……」

穂高は自分の胸に、ムギトの頬を抱き寄せた。

ここで絶対に泣いてはいけない。穂高は必死にこらえた。こぼれそうになるものをこぼさないために天を仰いで大きく息をつく。O隈像が、にじんでいた。腕を緩めると、ムギトが穂高を見上げて言った。

「パパ、ごめんなさい」

もういちど、ムギトを抱き寄せる。さっきよりももっと強く。こらえきれなくなった冷たいものが、穂高の頬をつたった。

「お前はほんとによくやった。何にも悪くない。立派だった。かっこよかった。パパはそんなお前を見ることができただけでも嬉しい。パパのほうこそ、頑張ってるお前のことを傷つけたこともあったと思う。ごめんな……。でも最後は胸を張って退場しよう」

「うん」

二人は目を見合わせて、O隈像に向かって、試合終了の一礼をした。

翌日、W中高の結果は不合格だった。すぐにM大中野に入学金を振り込み、制服採寸にも参加した。


家族全員が、必死に気持ちを切り替えようとしていた。が、一方で、それぞれに、決して楽ではなかった中学受験の日々を反芻《はんすう》していた。穂高の頭の中には、たくさんの「あのときああしていれば……」が巡っていた。

これが「中学受験ロス」か。こんなときは仕事に没頭するに限る。穂高は久しぶりに出社した。会社に出て仕事をしていると、その間だけでも中学受験ロスの苦しみから逃れられる。

しかし心配なのはムギトである。完全に塞《ふさ》ぎ込み、食欲すらなくしている。せっかく中学受験が終わったというのに、まだバスケに復帰する気にもなれないようだ。W学院の不合格を知ってからまだ数日。仕方がないとはいえ、あまりの落ち込みように、精神が壊れてしまうのではないかと心配になる。

いまあの計画を実行に移したらムギトがどうなってしまうかわからない。しばらく待ったほうがよさそうだ。

出社を再開して数日後、会社にいる穂高のスマホに杏からの着信があった。杏が電話をかけてくるなんて、よほどのことだ。事故？　病気？　まさか……不安がよぎる。

「はい、もしもし」

「あ、いま、大丈夫？」

「え、何？　ムギトがどうかしたか？」

「うん」

「え、何？」

「いま、W学院から電話来た」

「えっ！　くり上げ？」

「そう！」

「おぉ、やったじゃん」

「うん」

「なんだよ、驚かすなよ」

「驚かしてないわよ。私もなんか、信じられなくて」

「で、何をどうすればいいの？」

「すぐに合格手続きのための書類を取りにいかなきゃいけないみたいだから、いまから私が行ってくる。あなたはお金を用意しておいて。入学金も学費もまとめて払わなきゃいけないみたいで、ぜんぶで八五万円くらいになるらしい」

「八五万をいまから用意しなきゃいけないのか。ATMで引き出せるのは一回いくらまでだ？」

「そんなの知らない。とにかくお金のことは頼んだからね。なんとかして」

「ムギトにはもう伝えたのか？」

「いや、まだ学校から帰ってきていないの。ミヅキが帰ってきてるから、ミヅキには伝えた。ミヅキに留守番してもらって、お兄ちゃんが帰ってきたら伝えてもらうように頼んでおく」

「わかった。じゃ、よろしくね」

杏との電話を終えてから、言葉にならない喜びがこみ上げてきた。ムギトの執念がたぐり寄せたくり上げ合格だ。O隈さん、ありがとう。銅像を思い浮かべながら、礼を言い、銀行ATMへ走った。

一方、ミヅキが留守番していた自宅では一悶着《ひともんちゃく》が起きていた。

ムギトが帰宅してインターフォンを押すと、なぜか杏ではなく、ミヅキが出て来た。

「お兄ちゃん、Wから合格の連絡があったって！」

ミヅキがニヤニヤ笑っているので、ムギトはてっきり嘘だと思った。ひとの気持ちをもて遊ぶ、最悪の冗談だ。

「お前、ふざけんなよ！嘘つくんじゃねー」

「嘘じゃないよ！」

「騙されないからな。お母さんはどこ？」

「Wに行くって」

「嘘だろ。しつこいぞ」

ムギトがミヅキをぎっと睨む。

「嘘じゃないってば」

ミヅキは半べそになってしまった。

それでも信じられないムギトは、杏のスマホに電話をかけた。

「ママ、くり上げの連絡が来たってミヅキが言うんだけど、嘘だよね？」

「嘘じゃないよ。おめでとう！　いまから手続きして戻るからね。帰りにケーキも買って帰るから、お祝いしようね」

「わー、ほんと？　えっ、あり得ない！　わー！　ありがとう！」

ムギトは自分の部屋に駆け込むと、ぼろぼろと泣きながら何度もガッツポーズをして、何度も跳びはねた。

「やった！　やった！　W学院に行ける！　夢みたいだ〜」

いつもより早く帰宅した穂高に、ムギトが駆け寄って言う。

「パパがいっしょにやってくれたおかげで、合格できました」

「お前の執念だよ。O隈さんが、健気なお前のこと、見捨てられなかったんだろうな。こんなこと、あるんだね。まさに大逆転のシナリオ通り！　ほんとに漫画みたいだよな。お前、ほんと、もってるなぁ」

「ママもそう言ってたけど、僕は諦めてなかったよ」

「え？　くり上げを待ってたの？」

「うん」

「そうか、届くかどうかもわからない知らせを毎日待つのはつらかっただろう。パパはすっかりM大中野のユニフォームを着ているお前の姿を想像していたけど、よく諦めないで待ち続けたね。ムギトの執念が引き寄せたんだな、きっと。今回の中学受験で学んだその執念を、これからも忘れちゃだめだぞ」

「うん！」

まさしくジャイアント・キリング（大金星）だった。しかも土壇場での大逆転。終わってみれば最高の結果だった。夫婦関係が破綻したことを除けば。

それから約三週間がたち、大逆転の興奮もさすがに冷めてきたころ、穂高がとうとう切り出した。

「春から会社の中がフリーアドレスになって、出社する機会がいままで以上に減りそうなんだ。でも、この狭い家で俺が在宅勤務をしていると、お前も窮屈だろ。だからさ、群馬県の水上《みなかみ》あたりにリゾートマンションを一部屋借りようと思っているんだけど」

「あっ、そう」

「あくまでも仕事部屋として、こっちにもときどき帰ってくるからさ。共同浴場は温泉だから、週末にはみんなで来てくれればいいし。コロナ禍でどうせ旅行もできないから、家族旅行の費用を家賃に充てたと考えればちょうど同じくらいなんだよ」

「へー、あなたの好きなようにすれば」

何を言われるかとちょっとはどきどきしていたが、あっさりと認められた。どん底からの大逆転で、家の中はもうなんでもありという状況になっていたことも手伝ったのだろう。

好意的に認められたというよりは、我関せずの態度を突きつけられただけともいう。

妻のあまりにあっさりとした態度へのひっかかりよりも、自分が自由になれた感覚のほうが圧倒的に大きかった。ムギトは憧れの学校に行けることになったたし、もうこれからは深夜のコンビニでコピーする必要もないし、会話のない食卓で気まずい思いをすることもない。

リゾートマンションの一室で朝から一人で仕事をして、夕方にはランニングでもして、地の野菜でも買ってきて一人で晩酌すればいい。ほろ酔いで温泉に浸かり、一日が終わる。週末には家族が遊びに来てくれて、ちょっとした温泉旅行気分が味わえる。

一年以上、息が詰まるような生活をしてきた家族がリフレッシュするには名案だと思えた。ちょっと距離を置くことで、夫婦関係にももしかしたら変化があるかもしれない。

ムギトの中学受験サポートに代わって、リゾートマンション契約の手続きを進めることが、穂高の〝サイドビジネス〟になった。

ムギトの入学式を終えると間もなく、穂高は水上温泉のリゾートマンションでの生活をはじめた。

朝目覚めてＰＣを立ち上げればすぐに仕事が始められる。メールで部下たちに指示を出し、必要に応じてリモートの会議を開催する。得意先との打ち合わせも大概はリモートですませられることがわかった。

窓を開ければ、山の香り。

定時にPCを閉じ、近くの山を散策したり、川沿いをランニングしたりする時間もできた。食事はコンビニで調達することも多いが、近所の八百屋によれば、新鮮な野菜が格安で手に入る。心身ともに健康になった気がする。

都内で仕事があるときには自宅に帰ることもあるし、ムギトが所属していたバスケチームの保護者たちとの交流のために、週末に都内に戻ることもある。

もともと穂高は一人暮らしが長い。本来の自分に戻った気分だった。

新生活のペースがつかめてきたころ、入学祝いとして買い与えたばかりのムギトのスマホにLINEする。

「今週末、家族でこっちに遊びにおいでよ。温泉には入り放題だし、釣りもできるぞ」

「わかった。ママに聞いてみる」

しばらくして、ムギトから返信があった。

「ママは行かないって。僕だけで行きなさいって」

「ふーん。そうか」

週末、ムギトが一人で水上までやってきた。駅前のおみやげ屋さんを冷やかしたり、ハイキングコースを歩いたりしてすごした。

「わー、本物のホテルみたいだね」

大浴場の広さには感激してくれた。

ムギトがミヅキを連れてきてくれたこともある。安い釣り道具を用意して三人で川原まで行ってはみたが、結局何も釣れなくて、水遊びをして帰った。それでも十分に楽しかった。冬になったらスキーに連れて行こう。

小四になったミヅキもすでにSピックスに通い始めている。ミヅキは、天然なところはあるが、勉強は得意。Wアカデミーのような熱血指導より、淡々と接してもらったほうが合っていそうなので、Sピックスを選択した。Sピックスのほうが親の関与度は高いと聞くが、こんどこそ杏にやってもらうことになっている。お手並み拝見だ。

プリントの整理やテストの解き直しも杏がやっているようだが、ときどき穂高が見る限り、効率的とは言い難い。でも、口を出すのはやめておこう。ひとにはひとのやり方がある。

梅雨が明け、本格的な夏がやって来た。緑に囲まれていると、都心にいるよりもだいぶ涼しく感じられる。やはり、あのコンクリートジャングルにこもる熱は異常だ。いまでもときどき、コンビニのコピー機の閃光と、深夜タクシーに流れ込むもわっとした空気の感触が、脳内にフラッシュバックすることがある。

バスケチームの元幹事会メンバーで久しぶりに集まることになった。子どもたちはそれぞれ中学校に進学し、部活としてバスケを続けている子も、別のクラブチームで続けている子も、やめてしまった子もいる。

土曜日の午後、いちど自宅に戻って荷物を置いてから、いつもの店に行く。

「それにしても、ムギトくんはすごかったですね。中学受験、大変だったでしょ」

「最後は本人が頑張りましたね。実は僕も、まさか受かるとは思ってませんでしたからね」

「杏さんは、割と放任だったって。体育会系のお父さんはきっとバスケ以外口を出さないんでしょうし、自分で勉強する子だったんですね。すごいなぁ」

「杏がそう言ってたんですか？」

「そうみたいだけど」

「下級生のお母さんたちから質問攻めにあっていて、このまえなんてファミレスで杏さんの話を聞く会が開かれてましたよ。うちは下の子がこれからなんで、妻が参加して、すごく勉強になったって」

「杏が何を話すんですかね?」

「過去問の計画の立て方とか、志望校選びとか、いろいろ教えてもらったって言ってました。それと、小さいころから、読み聞かせをしたり、計算ドリルをやったりして、地頭を鍛えておいたから最後に伸びたって。そう言われちゃうと、うちはもう手遅れかもしれませんけどね」

おいおい、あいつ、まるでぜんぶ自分の手柄みたいに言ってるの?

「お父さんは、家のことは何もしないからって。でもそのほうがいいんでしょうね。最近は中学受験に熱くなっちゃうお父さんも多いけど、結構うまくいかないって聞きますし」

いやいや、うちはそれでうまくいったけど……。

いや、待てよ。たしかに結果だけを見れば第一志望合格だけど、うちの中学受験は本当にうまくいったって言えるのかなぁ。

古傷が疼《うず》くように、忘れかけていたストレスがぶり返す。

中学受験の最中には役立ちそうな中学受験ブログを検索し、中学受験が終わってからはリゾートマンション情報を検索し、家を出てからは離婚に関する法律相談を検索しまくっている。

離婚した場合の養育費や親権のことなども、すでに穂高はネットで十分に勉強した。杏さえその気なら、手続きを進めてもいいと思っている。いまの生活が快適だから、まあ、急ぐ必要はないのだけれど。

ビリっけつ合格だったムギトだが、学校ではそれなりにうまくやっているようだ。中学生になってから勉強にはいっさい口出ししなくなったが、定期テストの成績は平均点以上をとれているらしい。

バスケ部にも入った。さすがにうまい子が多く、同じ学年の中でレギュラーになれるかどうか、微妙なラインだという。

いずれにせよ、学校が楽しい、友達が楽しいというから、やっぱり中学受験をしてよかった。多少無理してでも、第一志望合格にこだわってよかった。

家を出て、物理的に距離をとるようになってから半年が過ぎたが、夫婦関係に変化は見られない。改善の見込みはなさそうだ。やり直したいとも思わない。……と思うこともあれば、やっぱりやり直したほうが子どもたちのためにもいいのかな、なんて思うこともある。毎日気持ちは揺れ動く。

お互いに対するリスペクトはもうないし、お互いに思っていることを言えなくなっている。いつからか、杏の左手の薬指から、結婚指輪がなくなっていることは知っている。「夫は家を出ていった」「『夫婦』は卒業した」とママ友に話していることも、風の噂で聞いた。

自分といることが杏にとって本当にいいことなのかどうか、不安になる。子どもたちや生活費のことを心配して、杏はじっと我慢しているのかもしれない。ちゃんと話し合えば、お互いに不安を残さないように夫婦関係を解消することだって可能なのに、いざ「俺たち別れたほうがいいんじゃね?」ともちかけると、うやむやにされて逃げられてしまう。

小学校受験は親の受験、高校受験や大学受験は子どもの受験、それに対して、中学受験は親子の受験だとよく言われるが、中学受験は夫婦の受験なんだと穂高は思う。

子どもが必死に頑張る姿を見れば、父親だって母親だって、どうにか願いを叶えてやりたいと本気で望む。できることはなんでもしてあげたいと思う。自分に何ができるかを徹底的に考える。だからこそ、自分の考えを曲げられない。そのときに、どちらが正しいかを争うライバルになってしまうのか、それぞれの持ち味を活かそうと協力できるチームになれるのか——。中学受験は、子どもの学力だけでなく、夫婦力そのものも試される機会だったのだ。

夫婦ふたりで平等に役割分担するのでもいいし、父親が全責任を負うのでもいいし、その逆でもいい。どんな形であれ、その形に夫婦が互いに納得できていることが大切なのだ。ムギトには結果よりプロセスが大事だといいながら、自分たち夫婦は、夫婦の形をつくっていくプロセスをすっ飛ばしてしまった。だから中学受験の途中で空中分解した。

息子の第一志望合格と、夫婦円満をトレードオフだとするのなら、自分は迷いなく息子の第一志望合格を選ぶ。だって、子どもの将来のほうが大切に決まってるから。学校生活を満喫しているムギトの笑顔を見ているから、いまは確信をもってそう言える。

でも、中学受験を始める前なら、夫婦関係を犠牲にしてまで合格させたい学校なんてない、と言っていたかもしれない。

山からの涼やかな風が吹く夕暮れどきのリゾートマンションのベランダで、穂高は一人、缶チューハイとチーカマを口にする。チーカマを口に運ぶとき、左手の薬指がきらりと夕日に反射した。

解説

いたわりとねぎらいの因果応報

持ち偏差値よりもだいぶ高い、憧れの第一志望合格という、最高の結果だった。一方で、中学受験生活のなかで夫婦のズレが露呈し、中学受験を終えてから、夫婦は半別居状態になった。この中学受験は成功といえるのか。それを問いかけるエピソードだった。

中学受験は、お互いを認め合える夫婦であるかどうかを試される機会だったと、穂高はふりかえる。

最初は息子の中学受験にさほどの興味をもっていなかった穂高であるが、仕事の異動やコロナ禍という環境の変化もあって、次第にのめり込んでいく。中学受験のサポートを、「仕事」「タスク」とみなす表現を頻繁に口にした。

中学受験のサポートを仕事やタスクとしてとらえた場合、合格から逆算して最も効率がいい道を親が示し、あの手この手で走らせることが「正解」となる。しかし、中学受験のサポートを、子育ての一環としてとらえた場合、いまの子どもの状態から、どこまで積み上げられるかという話になる。

これまでの取材経験から言わせてもらえば、後者の中学受験観のほうが、合否結果のいかんにかかわらず、中学受験を終えたときの満足度は高い。前者の場合、合格という結果を得られなければ、プロジェクトは失敗とみなされる。

結果的には金井家は、そのギャンブルにぎりぎりのところで勝ったから良かったものの、これで結果がともなわなかったら目も当てられない中学受験に終わっていたかもしれない。

そもそも「生活」や「家庭」あるいは「子育て」は、目的ありきではない。予測不能、出たとこ勝負の、積み上げ型の営みだ。仕事やタスクという目的合理的な概念とは食い合わせが悪い。

たとえば、妻や子どもから相談を受けた父親が、ただ共感的に話を聞いてあげればいいだけなのに、部下に対してアドバイスするのと同じような目的合理的な態度で対応してしまい、そっぽを向かれるということは、よくある。

しかし穂高は、合格という結果がすべてであると前提して、結果にコミットするプロジェクトマネージャーとしての立場をとった。

そこに家庭内の不協和音が生じたととらえることはできる。

ただし、プロジェクトマネージャーとしての穂高のかかわりは、ほぼ完璧だった。

テストや過去問の結果をエクセルで管理する部分は昨今ＳＮＳなどで散見される中学受

験の父親アカウントに見られる傾向にも似ているが、それほど細かいデータを打ち込んでいるわけではない。学習単元にまで踏み込んだ指示やアドバイスもしていない。あくまでもざっくりと、状況をメタ認知する手助けをしただけだ。

それ以上のマイクロマネジメントをしていたら、子どもが壊れてしまったり、親子関係がおかしくなってしまったりする可能性が高まる。

どんなに深夜になろうとも、過去問のコピーをきっちりとるなど、自分のミッションを確実にこなす態度を子どもに見せたことの意味も大きかった。その態度を見て子どもも、自分のやるべきことを確実にこなそうと思えたに違いない。

子どもには、コツコツと丁寧に努力を続けなさいと言うくせに、親自身は気まぐれで、三日坊主だったりするのでは、子どもはますますやる気をなくす。それならば、最初からかかわらないほうがましである。

しかしそこまでミッションの貫徹にこだわることは、穂高にとっても負担が大きかった。特に深夜のコピーは穂高のトラウマになっているほどだ。

そこで穂高は、いわたりやねぎらいの言葉が欲しかった。でも、妻の杏からはそのような言葉は聞かれなかった。

ひどい妻だと思うだろうか。私の見立てでは、これには因果がある。

穂高が外で稼いで、杏が専業主婦として家庭を守る。それが金井夫婦の役割分担だった。穂高の仕事は夜も遅い。週末は子どものバスケにかかわったりもしたが、平日は戦力外。子育ての負担は圧倒的に杏に偏っていた。

しかし、そのことに対するいたわりやねぎらいの言葉を、穂高は杏にかけてこなかった。専業主婦なんだからやって当たり前という意識が穂高にはあった。

それで、意識的にか無意識的にかはわからないが、杏も、穂高にいたわりやねぎらいの言葉をかける気にはなれなかったのだろうと推測できる。

因果応報だ。

こうなると夫婦は「忙しい」「疲れた」を競い合うようになってしまう。どっちが大変か競争の始まりだ。これがいちど始まってしまうとなかなか収拾がつかない。

暴走する「男らしさ」

穂高の発言のうち、気になる口癖として「男だから……」「男なのに……」もある。

これを息子に対しても、自分に対してもよく使う。

いわゆるジェンダー・バイアス（男女の役割についての固定的な観念）。この場合、「男らしさ」の呪縛といってもいい。

これまでの取材経験によれば、中学受験で暴走する父親の背景に、強いジェンダー・バイアスがあることは少なくない。

暴走する父親は、昨今の過熱する中学受験の象徴にもなっている。なぜ、父親の暴走がこれほどまでに注目を集めるのか。

まず、父親が子どもの教育に一生懸命になること自体が珍しがられる。これはもともと日本の社会がもっているジェンダー・バイアスだ。

絶対数では暴走する母親のほうが多いはずだが、母親が子どものことに夢中になるのはやむを得ないこととらえられやすい。しかし父親が目の色を変えて子どもにかかわっていると、いかにも珍奇に感じられるので注目を浴びる。

そのうえで、暴走してしまう父親に共通しているのは、不安が強いということだ。自信のなさと言い換えてもいい。

終身雇用は過去のものとなり、労働力としての価値を高めるため、リスキリングなどという学び直しの必要性も迫られる。先行き不透明な時代において、日々競争をさせられる労働者が不安を抱えるのは当然だ。

「男らしさ」にこだわっているひとほど、自分が競争力の高い労働者でなければ、家族を養っていけない、男の沽券《こけん》にかかわるなどと思ってしまいがちで、不安はますます強くなる。

その不安を子どもに投影してしまう。この競争社会を、わが子には少しでも有利に歩ませてやりたいと思って、武器としてのさまざまなスキルや、鎧としての高学歴を身につけさせようと必死になってしまう。

できるだけ強い武器を持たせたい、できるだけ分厚い鎧を着せたい。子どもが男の子である場合、その欲求はさらに高まる。男の子は将来的に、自分と同じように一家の大黒柱として、太く強くならなければならないと思っているからだ。

日々競争に晒《さら》されているのはワーキングマザーだって同じである。しかし、男性が一家の大黒柱であるべきだという価値観は、この社会ではいまだに強い。そのジェンダー・バイアスを前提にした場合、競争力の高い労働者でなければいけないと思い込むプレッシャーは、やはり男性に偏る。

夫婦喧嘩のコツは結論を出さないこと

金井夫婦はもともと喧嘩が多かった。そのこと自体はなんら悪いことではない。夫婦喧嘩は、夫婦の間に何らかのバグ（不具合）が発生していることを知らせるにすぎない。バグをその都度修正することで夫婦関係はアップグレードし続けるわけだが、夫婦喧嘩を避けてばかりいるとバグが蓄積し、最悪の場合システムクラッシュに至る。それが離婚だ。

とはいえ、下手な夫婦喧嘩はお互いを精神的に削り合うだけに終わる。そこで、心理カウンセラーとして約一〇年間にわたって父親向けのオンラインカウンセリングルームを運営していた経験から、上手な夫婦喧嘩のコツを一つだけ紹介したい。

それは「無理に結論を出さない」ことだ。結論を出さなきゃ何も変わらないじゃないかと思うかもしれないが、むしろ下手に結論を出そうとするから余計にこじれるのだ。

相手を信頼し思いやり合うふたりが、お互いの問題意識をお互いの脳にインプットすれば、そこから先は、お互いの無意識がいい落とし所を見つけてくれる。私はこれを「無意識の歩み寄り」と呼んでいる。

たとえば夫が深夜〇時に帰宅して、そのことを妻がとがめ、喧嘩になったとする。妻は夫が浮気していないか不安だし、育児の愚痴を聞いてもらいたかったという気持ちもある。一方、夫は取引先との接待で、大してうまくもない酒を飲み、二次会、三次会と連れ回されてぐったりきていたとする。

そんなとき、妻は自分の不安と夫への期待をそのまま伝えればいい。夫は自分がどんなに大変な思いをして疲れているのかをそのまま伝えればいい。どっちの主張が正しいかをその場で判定する必要はない。

寝ている間ですら無意識は活発に活動する。夫の無意識は「ああ、彼女は不安だったんだ。このところちゃんと話をする時間もなかったしな」なんてことを考える。妻の無意識は「そうよね。彼だって疲れているのよね。あんな言い方をしなければよかった」なんて反省したりする。

すると無意識が少しずつ本人の言動に影響をおよぼし、夫はだんだんと早く帰宅して妻の話を聞くようになったり、妻も無意識のうちに気持ちの伝え方に気をつけるようになったりする。そうしてお互いに何をどうしたという意識をしないうちに、自動的にバグが修正される。

派手に夫婦喧嘩をしたのにいつのまにか関係が修復され、原因すら思い出せないという経験をしたことがあるひとは多いはずだ。一般的には時間が解決したといわれるが、実は、時間をかけてお互いの無意識が歩み寄ったと解釈できる。

ただしこのようなコミュニケーションの前提には信頼が不可欠だ。

「相手を信頼する」とは、「こんなこと言ったら相手が傷つくんじゃないか」とか「怒っちゃうんじゃないか」などと気を遣うことではなく、「あのひとなら私の考えを受け止めてくれる」「あのひとは逃げない」と信じることだ。

「傷ついちゃうんじゃないか」「怒っちゃうんじゃないか」と気遣って大切なことを伝えないのは、実は相手のことを、それくらいのことで傷ついてしまったり怒ってしまったりする未熟なひとなんだと見くびっていることにほかならない。これを心理学では相手に対する「ディスカウント（過小評価）」と呼ぶ。

誰だって疲れているときや心に余裕がないときもあるから、ときには気遣いも必要だが、気遣いばかりしている関係性はお互いのためにならない。

合格をとるか夫婦関係をとるか

インタビューの最後に、穂高に意地悪な質問をしてみた。

「夫婦関係を犠牲にしたら、息子を第一志望に合格させてやると悪魔に取り引きをもちかけられたら、どうしますか？」

「すごい質問ですね。でも答えは明確です。息子の第一志望を優先します」

いま、憧れの学校での毎日を、息子が心底エンジョイしているからだという。このために、自分たち夫婦が犠牲になればいいのなら、安いコストであるというのだ。

しかし、ちょっと考えて、こうも言う。

「学校生活を楽しんでいる息子の姿を見ているいまだからこそ、断言できますが、もし中学受験を始める前に同じ質問をされたら、もしかしたら夫婦関係を犠牲にしてまで合格させたいとは思わないと答えるかもしれませんね。そもそもこの質問、子ども自身が、どういう両親であってほしかったかを聞いてみないと、答えられないですよね」

そこで私は同じ質問を、別のある父親にもぶつけてみた。

拙著『勇者たちの中学受験』（大和書房）の第一章に登場した、アユタの父、水崎大希《みずさきたいき》（仮名）である。

大希と穂高がそれぞれ息子に対して行った中学受験サポートは非常に似ている。子どもの学力帯もほぼ同じで、志望校のレベルもそっくりだ。

結果として、大希の息子のアユタは第一志望に合格できず、穂高の息子のムギトは合格した。しかし大希の夫婦は破綻していない。この二つのケースは、紙一重で分岐したパラレルワールド的関係にある。

意地悪な質問であることを断ったうえで、大希に尋ねる。

「夫婦関係を犠牲にしたら、息子を第一志望に合格させてやると悪魔に取り引きをもちかけられたら、どうしますか？」

「それは夫婦関係を優先しますよ。中学受験ごときにそこまで魂は売ってません。でも、なんでですか？」

「アユタくんとほぼ同じような受験パターンで、見事大金星を上げたものの、夫婦関係が破綻してしまったご家庭があるんです。それって、大希さんから見て、羨ましいと思いますか？」

「ああ、そういうことですか。ほんと意地悪な質問ですね！」

「すみません！」

「でも、やっぱり羨ましくはないですね。夫婦関係を犠牲にするくらいなら、いまのアユタの学校で十分満足しています」

先の悪魔の問いに、みなさんならどう答えるだろうか。ただし、この問いにはトリックがあることに注意されたい。夫婦関係と第一志望合格は本来トレードオフの関係ではないからだ。そこをトレードオフだと仮定すること自体が悪魔の問いなのだ。

夫婦関係に限らず、睡眠時間、親子関係、習い事……目先の偏差値や合格のために本来大切な何かを犠牲にしたくなったとき、自分自身が悪魔に取り憑《つ》かれてはいないだろうかと疑ってみてほしい。

第二章

妻

指揮台の上でぴたっと静止していた女性教員がひょいとタクトを振り上げると、ド迫力の演奏が体育館を震わせた。

「うわぁ〜おなかの中まで音が響く！」

ピカピカに磨かれたトランペットやホルンやトロンボーンがずらりと並ぶさまは壮観で、新入生たちはざわめきながら、入学式に登場した吹奏楽部のお兄さんやお姉さんを憧れのまなざしで見ていた。娘のマユミも吹奏楽部に一目惚れし、四年生になったら絶対に入部する！と言って目を輝かせた。

たまたま地元の小学校に吹奏楽部があった。四年生から参加できる。町田市立の小学校だが、名物的な指導者がおり、ときには東京都で上位入賞することもあるほどの強豪として知られている。

音楽に関しては、幼稚園のころにピアノ教室に通わせてみたものの、自分自身の仕事との両立が難しく、半年ちょっとでやめさせてしまったうしろめたさが赤堀茜《あかほりあかね》にはある。公立の小学校の部活として音楽をさせてあげられるなら、送り迎えも必要ないし、親が教えることもないし、放課後の学童代わりにもなるし、何よりお金がかからない。願ったり叶ったりだ。

さすがは強豪校。四年生で入部を果たすと、まず練習の多さに驚いた。放課後はほぼ毎日練習漬け。週末は大会に出場したり、他校の演奏を聴きに行ったりする機会も多い。大会前は朝練もある。拘束時間の長さからすれば、中学受験塾よりハードである。指導も厳しく、四年生の一年間で、およそ半分がやめてしまう。その意味では、地元の少年サッカーよりもよほど体育会系だ。

とても引っ込み思案なマユミである。茜は不安だった。そんなに厳しい部活なら、ときにしっかりと自己主張することも必要だろう。そんなことができるのか。たとえばやりたい楽器をちゃんと言えるだろうか。

マユミは当初、ピッコロからチューバまで大小さまざまな楽器を触らせてもらったが、結局はトロンボーンの担当になった。どうやって決めたのかはよくわからない。楽器にあっている性格みたいなものがあるのだろうか。

「トロンボーンは、すごく目立つんだって！」

まるで自分が主役を獲得したかのように本人は大喜びの様子である。

最初は音を出すことすら難しかったらしいが、家ではYouTubeの映像なども見ながら、イメージトレーニングをしていた。仕事から帰ってくると、ほぼ毎日、吹奏楽の話を延々と聞かされた。自分自身はこんなに何かに熱中したことはなかったなぁ。わが子が何かに夢中になっている姿を見るのは、親としては嬉しい。マユミがきらきらと輝いて見えた。

しかし、吹奏楽との出会いが、マユミのみならず、自分自身の人生まで大きく変えることになるとは、このときの茜にはもちろん知る由もなかった。

マユミが楽しそうにトロンボーンを吹くのはいいのだが、茜には気がかりもあった。まわりのお友達は中学受験塾に通い始めている。小三の二月から通い始めるのがいまの中学受験の常識だ。

ひとが羨む有名校でなくていいから、自分と同じように私立中高一貫校でのびのびとした六年間をすごしてほしい。そしてそこそこの大学に進んでほしい。茜はそう願っていた。

でも、小三の冬の時点で夫の鉄也《てつや》に相談したら、「そんなの必要ないだろ」と取り合ってもらえなかった。

茜自身は東京で中学受験を経験した。いとこがJ学院に通っており、文化祭を見せてもらったことがきっかけだった。もともと勉強は好きだったので、もっと勉強がしたいからと親に頼み込んで大手中学受験塾に入れてもらった。

塾に入って、上には上がいることを知った。J学院を狙えるほどの学力が自分にはないことは、すぐにわかった。それでも、中学校は自分で選びたい。そう思って、勉強を続けた。

そんないきさつだったので、両親も中学受験に対する思い入れはほとんどない。塾代を出してくれるだけで、勉強を見ようともしなかった。ときどき、解説を読んでも理解できない問題を、年の離れた兄が噛み砕いて解説してくれたのがいい思い出だ。

偏差値的には中堅の女子校に進学することができた。志望校は母親が決めた。入ってみたらいい学校だった。中学受験の偏差値はそれほど高くはないが、同級生たちはみんなそれなりの大学に進学していった。

化学が得意だった茜は、私大の薬学部に進学した。六年間をまっとうしたが、学んでみた結果、自分のやりたい仕事はこれじゃないとわかったときはショックだった。結局大手不動産会社に就職した。子どもができてからは、非正規で、中堅の不動産会社に勤めている。

鉄也は新潟県出身で、もちろん中学受験なんて経験していない。大学にも通っておらず、地元の公立の工業高校が最終学歴だ。

ちょっと複雑な家庭で育ったらしい。幼いころに両親が離婚して、母親が女手ひとつで三人の男の子を育てた。鉄也は次男。そのほかの二人は中卒で、高校進学どころではないワルとして、地元では知られていた。

高校を卒業すると、就職するでもなく、親戚を頼って東京に出てきた。いくつかの職を転々としたのち、正社員として就職した不動産会社の事業所で茜と知り合い、その後、駐車場を管理・運営する会社に転職した。

そんなことだから、中学から私立に通わせるという発想が、鉄也にはまったく理解できない。公立の中学校があるのに、なぜ年間一〇〇万円近い学費を払わなければいけないのか。しかもそこに入るためになぜ車が一台買えるほどのお金を塾につぎこまなければいけないのか。

自分は高卒で東京に出てきて、ちゃんと稼いで、自立して、家族ももてている。中学から私立に通うなんて贅沢は必要ない。むしろ、そんなことをしていたら、ろくな大人に育たない。私立中高一貫校を出て、有名大学を卒業していても、言うほどに仕事はできず、人間的にも面白みに欠ける同僚を、これまで山ほど見てきた。

学歴なんかで、ひとの価値は決まらない――。それが鉄也の口癖だった。

中学受験なんてしない。そんなことにお金や時間をつぎ込むのはもったいない。小学生のうちは、好きなだけトロンボーンを吹けばいい。それで赤堀家の方針は決まりだった。

マユミが吹奏楽にはまればはまるほど、ある問題が生じた。中学生になったらいま以上の高いレベルで吹奏楽をやりたいとマユミが言い出したのだ。

しかしマユミが通うことになる地元の中学の吹奏楽部は部員が集まらず、ほぼ活動休止状態だといわれている。少しはましな公立中学に越境で入学できるか、役所に問い合わせてみたが、難しいと断られた。

引っ越しするしかないのだろうか……。どうしたものかと親子で頭を抱えていたとき、自宅からも近い、私立〇林中学の吹奏楽部の演奏を聴く機会があった。やはり小学生とはレベルが違う。

また出会ってしまった。小五の夏、運命を変える出会いだった。

「私、O林中学に行きたい！」

いない。
希望を見つけたと、マユミの目が訴えていた。
でもそのためには中学受験をしなければいけないことなど、マユミはまったく理解して

そこで茜はひらめいた。O林なら、吹奏楽部もちゃんとしているし、進学校としてもそれなりの実績を出している。これはマユミに中学受験をさせる恰好《かっこう》の理由になるかもしれない。そういう理由なら、夫も無碍《むげ》には却下できまい。

「O林中学に行くには中学受験をしなきゃいけないよ」

「うん。学校のみんなもSピックスとかN能研とか行ってるから、私もできると思う」

マユミに中学受験をさせることは諦めていたが、これは千載一遇のチャンスである。しかも、本人の強い希望による主体的な中学受験。新四年生でだましだまし塾に連れて行くよりも、むしろこのときが来るのを待っていて良かったかもしれない。

「じゃあ、パパにはママから話してみるね」

「お願い！」

日曜日の午後、マユミが吹奏楽部の友達の家に遊びに行っているすきに、茜は夫に切り

出した。

「O林中学の吹奏楽部がすごいって前に話したことあったでしょ」

「ああ」

「マユミが本気で目指したいんだって」

「中学受験するってこと?」

「そういうことになるわね」

「吹奏楽を続けるために、マユミが望んでいるなら、だめとは言えないけれど。こんな理由で結局中学受験をすることになるとは考えていなかったなあ」

「そうね」

「でも、O林がだめなら素直に公立中学に行くのが条件だよ。ほかも受けるなんて言い出したらきりがないから」

「私もそのつもり」

手応えは悪くない。学歴主義的に中学受験をするのは好きじゃないけれど、やりたいことのために、やりたいことができる学校を目指すのなら、鉄也も反対するつもりはなさそうだ。茜自身、いくら吹奏楽のためとはいえ、高い学費を払ってまでO林よりもレベルの低い私立中学に通わせるつもりはない。

塾代については、実際の相場よりも少なめに伝えた。家計の管理は茜がしているので、どこかで帳尻を合わせればバレない。

塾選びについては、茜が主導した。仕事を早く切り上げて、面談に行かなければいけないので、大変だった。

「娘は吹奏楽をやっていて、O林中学の吹奏楽部に憧れています。吹奏楽の練習も毎日あるので、できるだけ通塾日を少なくしたいのですが」

「O林であれば二教科で受けられます。四教科セット受講が基本になっている塾も多いですが、うちなら教科単位で選択できますし、個別指導との組み合わせも自由ですから、スケジュールの個別調整も可能です」

そう言ってくれたEゼミナールに決めた。

小五の九月から塾に通うことになった。国語と算数の二教科に絞って対策する。

通塾日が少ないとはいえ、吹奏楽と塾の両立は困難を極めた。吹奏楽の練習を終えるとすぐに塾が始まる。いちど帰宅するほどの時間はない。仕方ないので、マユミの塾がある日は、茜が会社を早退して、塾のカバンを持って学校まで迎えに行くことにした。帰りは自宅最寄りの駅まで迎えに行く。

「今日の授業はどうだった？」

「全然わからなかった。宿題もたくさんあってぜんぶできる気がしない」

毎週の授業のなかで行われる確認テストは、たしかにぼろぼろだ。

「始めたばかりだからしょうがないよ。やっていくうちに慣れるから。最初のうちは宿題もお母さんといっしょにやってみよう」

自分もかつては似たような問題を解いていたはずだが、何しろ三〇年近い月日が経っている。解説を読めばかろうじて理解はできるが、うまくは教えられない。

そして、質・量ともに明らかに無理な宿題が課されていた。いや、世間一般の中学受験生に比べればかわいい質と量なのだろうとは思うのだが、いままでの基礎がごっそり抜けているマユミには厳しかった。

本来なら基礎からやり直すべきなのだろうが、そんな時間的余裕はない。基礎がないところに積み上げるから、いくらやっても積み上がらない。

マユミは朝から学校に行き、吹奏楽の練習をして、帰宅して、夕食を食べたら塾の宿題をして、休む暇がない。茜は朝から会社に行き、定時に仕事を終えるとスーパーに寄ってから急いで帰宅して、夕食の準備をする。後片付けもそこそこに、マユミの勉強を見てやらなければならない。

「今日は算数のここまで終わらせようね。そうしないと、明後日の授業までに宿題終わらないでしょ。ママはいま食器洗いと洗濯物を片付けちゃいたいから、自分でやっておいてね」

「うん」

一時間後にマユミの様子を見に行くと、まだ予定の四分の一も終わっていない。

「えっ、これしかできてないの？」

「……」

「何やってたの？」

「ちゃんとやってた……」

「それでこれしかできてないの？　もうさっきから一時間経ってるよ。このペースでやってたら、明日の朝になっちゃうよ。ぜんぶ終わるまで寝かさないからね！」

マユミの目には涙があふれそうになっている。なまじ吹奏楽で鍛えた精神力がある。言われた課題はやり通さなければいけないと、強く刷り込まれている。無理だとわかっている大量の課題を前にしても、できないとは言えない。

マユミとは六つ違いの弟のマサキを寝かしつけて、自分も寝落ちしそうになるのを必死に耐えて、カリカリしながらマユミの勉強が終わるのを待っているが、夜一一時を過ぎても終わらない。様子を覗きに行くと、マユミが机に突っ伏していた。

「何してんのー！」

ハッと我に返ったマユミは、慌てて口元のよだれを拭《ぬぐ》った。いま自分がどんな状況にいるのかすら理解しておらず、目をぱちくりさせている。

「やる気がないなら中学受験なんてやめなさい！　地元の中学に行けばいいの。その代わり、吹奏楽はできないからね」

茜の罵声で現実に引き戻される。マユミはひぃひぃと小さな声を上げて、肩を震わせて泣き出した。

見かねた鉄也がとうとう口を挟む。

「何時だと思ってるんだ。宿題なんていいからもう寝なさい。明日も早いんだろ。ママもこんな夜中に大声を出して、いい加減にしなさい」

「あなたは黙っててよ！　中学受験もしたことないくせに！」

と言いつつ、これ以上マユミを傷つけても何もいいことはないとわかっているのに怒りが止まらなくなっていた茜は、正直にいうと鉄也に救われた気分だった。

「ああ、どいつもこいつもムカつく！　もういいから早く寝なさい！」

わざと見放したような口調でマユミに命じる。

マユミが塾に通い始めてから、茜の生活にもまったく余裕がなくなっている。夫婦関係に溝ができていることはうすうす感じていたが、いまはそんなことに構っていられない。

しかしその後も、マユミの成績は低空飛行を続けた。新しい単元を理解できないまま、塾の授業は次の単元に進んでいってしまう。負債ばかりがどんどん大きくなっていく。

マユミがつらいのもわかってはいるが、茜の焦りも大きい。せっかくここまでやってい るのに、O林に合格できなかったらすべてが水の泡になる。そんなことになったら、鉄也にも何を言われるかわからない。なんとかマユミの成績を上げてやりたい。そのためには心を鬼にして厳しくするしかない。

「やってもできないなら、塾に通っても無駄」

号泣するマユミにたたみかける。

「泣くほど悔しかったら、じゃあ、なんでやらないんだ！　そんなに嫌なら受験やめろ！」

親子バトルはほぼ毎週くりかえされた。

中学受験はそんなものだと茜は思っている。中学生になっても吹奏楽を続けたいという思いだけが、傷だらけのマユミの心を支えている。


茜とマユミのバトルが日常化すると、その場に居合わせたくないのか、鉄也の帰宅時間はどんどん遅くなっていった。

どうやらどこかで飲んできているらしい。無断外泊というべきか、家に帰ってこないこともある。浮気？　まさか。そんな甲斐性はない。終電を逃しただけでしょ。茜は努めて気にしないようにした。

毎晩の飲み代もバカにならないはずだし、スマホのゲームにも課金しているようだが、マユミの塾代には渋い。

「算数が壊滅的にやばいから、算数だけでも個別指導をつけてあげたいんだけど」

「いくらかかるの?」

「月二万ちょっと……」

「えっ!?　一教科だけなのに、そんなにするの?」

「私の給料から払うから」

「毎月二万貯めれば年に一度は旅行にも行けるじゃん。お前が教えればいいだろ。中学受験経験者なんだから」

「そんな余裕、私だってないわよ!」

「だから中学受験なんてしないほうがいいって言っただろ」

「じゃあ、もう、いい」

妻と娘がこれだけ奮闘しているのに、鉄也はもともと中学受験には反対だからと、いっさいかかわろうとしない。

お金のない一人暮らしが長かったので、ひととおりの家事は自分でもできるはずだが、ひとに言われてやるのが嫌だという。かといって、自分からすすんでやってくれるわけでもない。マサキの寝かしつけくらいしてくれてもいいのに、やってくれない。

それどころか、マユミが勉強しているというのに、そのすぐ近くで、イヤホンも使わずに音声垂れ流しでＹｏｕＴｕｂｅをだらだら視聴していることも多い。まるで配慮がない。勘弁してほしい。

もともと鉄也には、なんでもギブ・アンド・テイクの理屈で考えるところがある。自分がテイクするものがないかぎり、ギブしない。要するにすべては損得勘定の男なのだ。

よく仕事の愚痴を言っている。出来の悪い部下がいる。尻拭いするのは自分だと。まあ、上司なんだから当然でしょうと、茜は聞いている。でも、鉄也の理屈はこうだ。

「あいつをフォローしてメリットがあるならいくらでもフォローする。でもあいつは何度言ってもミスをする。それに、あいつをフォローしても俺の給料が上がるわけじゃない。むしろ俺は自分の仕事の時間を削られて迷惑だ。あいつをフォローしなきゃいけない意味がわからない」

茜には鉄也が言っていることの意味がちょっとわからない。それをしなかったら上司の意味がないじゃない、と思うが、口にはしないで聞いている。

家庭の中でも鉄也の思考は同じだ。

マユミが二歳くらいのころ、いわゆるイヤイヤ期にさしかかり、両親の言うことを聞かないことがあった。イライラする気持ちは茜だって同じだ。しかしそこで鉄也がニヤッと笑って言ったひと言が衝撃的だった。

「なんでパパの言うことを聞いてくれないマユミの言うことを、パパが聞かなきゃいけないの?」

ちょっと何を言っているのか、茜にも理解できない。何重にも理解できない。自分の言うことを聞いてもらいたかったらまずあなたが私の言うことを聞きなさい、という前提がよくわからない。それに、親子関係にギブ・アンド・テイクの理屈を当てはめる感性がわからない。そもそも二歳児がそういう込み入った理屈を理解できるはずもないことを理解していないことが理解できない。

鉄也はそのまま一人でその場を去ってしまった。キョトンとしてしまったのは、マユミでなく、茜のほうである。それまでのイライラもどこかに消えてしまった。あの場面はいまでも忘れられない。

一事が万事そんな感じなのである。

新潟から身ひとつで東京に出てきて、さぞ苦労も多かったろう。大卒が当たり前の東京で、工業高校を出ただけの学歴に、コンプレックスも感じただろう。うまい話に騙されそうになったことも一度や二度ではないかもしれない。冷徹なほどの功利主義的思想は、魑《ち》魅魍魎《みもうりょう》が跋扈《ばっこ》するコンクリートジャングルで余計な傷を負わないために身につけたある種の処世術だったのかもしれない。

そんな鉄也に、茜も同情しないわけではない。いつかは変わってくれるんじゃないか。若いころは望みを捨てていなかった。

でも、子どもができて、無条件の愛情を注げるはずの子どもたちに対しても、あのひとの態度は同じだった。わが子であってもギブ・アンド・テイクの対象なのだ。

茜は絶望をじわりじわりと受け入れていった。自分たち夫婦は、子どもの衣食住と教育を満たすためのお金を稼ぐパートナーでしかないと割り切った。夫はそれを親の責任として引き受けているが、必要以上のお金は子どもにだって払いたくない。だから、中学受験をして、塾や私立の学校に多額のお金を払うなんて、極力避けたいことなのだ。

六年生になると、茜は吹奏楽部の保護者役員を引き受けざるを得なくなった。仕事に、家事に、下の子の世話に、中学受験……、そのうえに部活の役員。ブルドーザーのように片っ端からタスクを片付けていく仕事ぶりが会社でも評判で、何度も正社員にならないかと誘われたが、家のことを優先して固辞し続けている。そんな茜にも限界が近づいていた。勉強にも本腰を入れなきゃいけないし、まわりの中学受験生も習い事はほぼ中断しているようだし、中学受験が終わるまで吹奏楽はお休みさせようかと思い始めていた。

吹奏楽部の指導者に相談する。

「中学生になっても吹奏楽をやりたいからと、O林中学への入学を希望して、中学受験塾に通っています。塾がある日は、私が仕事を早めに終えて、学校まで塾のカバンを届けます。塾がない日も、毎晩自宅で遅くまで勉強しています。O林に合格できないと、この努力が水の泡になってしまうし、そうなると、中学校でも吹奏楽を続けたいというマユミの思いも遂げられないし、いまは勉強に集中するために吹奏楽をお休みさせたいと思っているんですけれど……」

吹奏楽部の指導に関しては強い信念がある教員だ。

「それはおすすめしません」

きっぱりと言い切った。

「なぜですか？」

「吹奏楽をやりたくて中学受験勉強を頑張っているんですよね。それなのに吹奏楽をやめてしまったら、きっと受験勉強のモチベーションも下がります。お母さんのサポートも大変だとは思いますが、吹奏楽は続けさせてあげてください」

役員も引き受けてしまっているし、そこまで言われたらやめられない。結局最後まで部活を続けることにした。

依然、マユミの成績は上がらない。わからないまま授業に出る状態がもう一年近く続いている。

その状態で、初めて大規模な模試を受けてみた。S圏合判模試という。Sピックスオープン、Y谷大塚合不合、N能研全国公開模試と並ぶ、中学受験の四大模試の一つである。

志望校記入欄がたくさんある。O林しか受けないと決めてはいるが、せっかくならと、比較的評判のいい吹奏楽部がある学校名を記入してみる。

O林の合格可能性は二〇パーセントと出た。二月一日の午前・午後、二日、三日と、四回の入試があるが、すべて二〇パーセント。最低値だ。つまりほぼ絶望的な状況。一方、吹奏楽の大会で名前を見かけたことのあるS女子大付属も試しに書いてみたところ、なんと八〇パーセントが出た。マユミでも受かる学校はあるんだ！

「私、S女子大付属にしようかな」

冗談交じりで言ってはいるが、そっちに逃げたくなってしまったらいけない。

「絶対受けさせないから、安心して」

茜も負けじと、冗談交じりに本気を伝える。

模試の結果を受けて、茜の檄《げき》は激しさを増した。

Eゼミナールのアタックテストの結果も過去最低の出来だった。

「その程度の頑張りじゃ、O林なんて絶対無理。S女子大付属だってきっと本番では受からないわよ。吹奏楽は小学生までで諦めるべきね。だったら、いますぐ塾をやめて吹奏楽に全力投球したら？　そのほうが悔いが残らないかもよ」

マユミは大粒の涙をぽろぽろとノートの上に落とす。かわいそうだとは思うけど、ここで悔しいと思ってくれなければゲームオーバーだ。茜は鬼の形相を崩さない。

「泣いたって成績上がんないよ。泣いてる暇があったら手を動かしなさい」

マユミは鼻をすすりながら消しゴムでノートをこする。涙を吸ったノートが破れる。それでもゴシゴシと消しゴムをノートに押しつける。背中が、絶望的な悲しみを表現していた。

最近のマユミの表情には、吹奏楽を始めたときのあの輝きは見る影もない。そういえば、最近は家で吹奏楽の話すらしなくなっていた。

茜がダイニングに戻ると、鉄也が顔をしかめて言う。

「子どもの受験なのに、なんでそんなに親が出ていくんだ？　言い方もきついし。やりたいのは子どもなんだから、子どもがやらないんだったら、別にそれでいいじゃないか」

茜も脊髄《せきずい》反射的に言い返す。

「あなた、高校受験勉強だってろくにしたことないんだから、わかんないでしょ。中学受験は親子の受験だし、いまの中学受験はそんなに甘いもんじゃないのよ。こっちだって大変なんだから、わかんないひとはせめて黙っててよ！」

鉄也は風呂場へ行ってしまった。

今回ばかりは鉄也の言うことが正論だ。それは茜もわかっていた。ダイニングテーブルに一人残された茜は、私もこういう言い方が良くないんだよなぁ、と、ちょっとだけ反省する。が、背に腹は代えられないのである。

夏休みを前にして、塾で保護者面談があった。

「夏が終わっても、このままこの成績で変わらなかったら、志望校を下げるか、中学受験をやめたほうがいい」

担当講師から最終宣告を受けた。中学受験塾が受験をやめたほうがいいというのだから、よっぽどのことだ。せっかくガッツはあるのにいつまでたっても勉強の要領がつかめないマユミを見ていられなかったのだろう。家で常にプレッシャーをかけられていることにも気づいていたかもしれない。

「夏休み明けの模試で、偏差値五〇を目指しましょう」

講師の顔は笑っていない。

「はい。頑張らせます」

講師は何か言いたげだったが、黙っていた。

その夜、そのままのことをマユミに伝える。

「夏休み明けの模試で偏差値五〇に届かなかったら、O林は諦めて、中学受験もやめなさいって」

「……」

マユミの顔からすーっと血の気が引いていくのがわかった。

「夏休み、死ぬ気で頑張りなさいよ」

「はい……」

天王山であるはずの夏休みが、背水の陣で始まった。マユミは毎日、朝から自習室で勉強した。そのまま夏期講習の授業に参加して、そのあとも自習室で勉強を続けた。吹奏楽の練習がある日はもちろん練習にも参加した。大会がある日は夏期講習に出られなかったが、そのぶんは自習室で先生に質問しながらやりきった。

もちろん、家族旅行なんてお預けだ。マサキにはほぼ毎日保育園に行ってもらった。夏期講習の費用は、鉄也には少なめに報告した。

夏の成果を試す、九月の模試は〇林で受験できた。

塾で模試を受けることも可能だが、学校が模試業者に教室を提供していることもある。志望校が模試の会場になっている場合には、実際の入試をイメージする絶好のチャンスとなる。本番さながらの環境で、試験前からマユミのテンションも上がっていた。

子どもたちが試験を受けているあいだ、校内のチャペルでは保護者向けのミニ講演会が開かれていた。S圏模試から派遣された講師が併願校の選び方について語っていたが、赤堀家には関係ない。O林一択なのだから。

続いて、O林の教員たちがミニ学校説明会をしてくれる。スライドを見せながら、教育内容や、課外活動の様子、進学実績、入試要項などをコンパクトに説明する。気取ったところがなく、自然体で、好感がもてるプレゼンテーションだった。

ミニ学校説明会の最後に、教員がアナウンスする。

「二教科受験のお子様は、そろそろ模試の終了時間となります。二教科受験のお子様の保護者の方は、お迎えの準備をしてください。四教科受験のお子様の保護者の方々は、このままこちらで、試験終了まで待機いただいて構いません。本校について個別の質問やご相談があれば、この会場を出たところに数人の教員が待機していますから、お気軽にお声がけください」

国語と算数の二教科だけを受けて、マユミが試験会場から出てくる。

「どうだった?」

「うーん、わかんない」

「そう……。お昼にはちょっと早いけど、ま、近くで食べようか。何がいい?」

「ケンタッキーに行きたい！」

「え、ケンタッキー？　まあ、いいか」

帰宅して、オンラインで解答解説を見て、いっしょに自己採点する。

思ったよりもとれている。

「今回、結構頑張ったんじゃない？」

「平均点が高いのかなあ」

マユミは不安そうな表情を浮かべる。

これで偏差値五〇未満なら、中学受験は諦めなければならない。それはすなわち、吹奏楽を諦めることに直結する。

結果は、模試の五日後にオンラインで公開される。

仕事中に、どきどきしながらスマホを開く。まるで入試本番の合否発表である。マイページにログインし、六年生の第三回合判模試をタップする。

偏差値は、五二だった。

「よかったぁ～」

思わず独り言がこぼれる。

仕事を早く切り上げて、小学校までお迎えに行き、塾のカバンとランドセルを交換する。

そのときにマユミに伝えた。

「このまえの模試の結果、偏差値五二だったよ！　これで中学受験を続けられるよ。夏休みのあいだ、よく頑張ったね」

「ほんと!?　やった～」

引っ込み思案で、泣くとき以外、自分の感情をめったに表には出さないマユミが飛び跳ねてガッツポーズをして大喜びしていた。

偏差値五〇を超えられなかったらもう中学受験は諦めなさいと言われてから一カ月半。どんな気持ちで鉛筆を握っていたのだろう。毎日塾の自習室に通い、最後まで弱音を吐かずにひと夏を駆け抜けた。その努力が、成果として表れた。

自分だってやればできる。これまで中学受験勉強では傷つくばかりだったマユミだが、これがほぼ初めての成功体験となった。

厳しいこともたくさん言ってきたけれど、よくぞ頑張ってくれたと、このときばかりは茜も、マユミのことが誇らしかった。

ただし、その後も模試の合格可能性は三〇パーセントがせいぜいだし、過去問をやらせても合格最低点にはおよばない。

過去問の中から捨てていい問題と頑張れば解けるはずの問題を塾の先生に区別してもらい、解けるはずの問題をくりかえし解いた。そこを確実にとれればかろうじて合格最低点に手が届く計算だ。だが、初見の問題となると、解けるはずの問題も取りこぼしてしまうことが多かった。

合格への手応えがまったくつかめないまま、冬休みからはさすがに吹奏楽の練習もお休みさせてもらった。

本番に慣れるためにおためし受験はしたほうがいいと塾にすすめられ、それだけは了承した。

まずは成功体験をさせたかったので、おためし受験には宮崎N大を受けさせた。マユミの学力でも合格は間違いないだろうとふんでのことだ。

でも、この合格に、マユミはぽろぽろと涙をこぼして喜んだ。おためし受験とはいえ、合格しても通う可能性はゼロだとしても、本物の合格を手にすることは、一二歳の子どもにはそれほど嬉しいことなのだ。それを見ていた茜も、もらい泣きをせずにはいられなかった。

しかし、そのほかのすべり止めについては、マユミ本人がいらないと言った。

「だって、受かっても行かせてもらえないんでしょ」

二月一日は午前も午後も〇林を受験する。二日も三日も挑戦し続ける。それだけだ。奇跡が起きてほしい。〇林のチャペルにあった十字架を思い浮かべながら、神に祈った。

二月一日の試験当日。

マユミに緊張感は見られなかった。むしろでんと構えているように見えた。茜も同じだった。前日も特に気負いはなかった。

二教科受験なので一〇時半には試験が終了する。

「どうだった?」

「うん。まあまあできたと思う」

そこから午後入試の集合時間までは約四時間あるので、いちど家に帰り、昼食をとって出直す。

午後入試は夕方五時前には終了した。途中でデパートの食品売り場に寄り、夕食用に、マユミが好きな手羽先を買って帰宅した。

この日ばかりは早めに帰宅してくれていた鉄也とマサキと、四人でそれを急いで食べる。七時には午前入試の結果がオンラインで発表されるからだ。

茜のスマホで学校サイトにアクセスする。あと一回画面をタップすれば、合格者の受験番号が表示される。

「自分で見る？　ママが見る？」

マユミは、茜を指さした。

茜がスマホの画面にそっと触れると、無機質な数字の羅列が表示された。

スクロールしながら、マユミの受験番号を探す。

「……なかったわ」

「……」

しばらくマユミは固まっていた。少し震えているようにも見えた。、手羽先の脂っぽい匂いが充満したリビングでは、つけっぱなしのテレビがバラエティー番組の予定調和的な笑い声を垂れ流していた。

「次があるよ」

とは言うものの、最も入りやすいはずの一日の午前を落としたことで、合格の可能性は一気に遠のいた。あとの入試はますます難易度があがるのだ。

三時間後には午後入試の結果もわかるが、それまでが長かった。茜はマサキを寝かしつけ、そのときを待った。結果が気になると眠れないからと、マユミも結果が出るまで起きていると言うので、先に風呂に入れ、よく髪を乾かし、ダウンジャケットを着て待たせた。

一〇時になると、再び茜のスマホで学校サイトにアクセスした。こんどはマユミ自らが確認する。

「……なかった」

「明日があるから。今日はもうぜんぶ忘れて寝よう」

がっかりしてはいるようだが、泣くほどではない。

二日も三日も、入試は午後からだ。しかし生活リズムが崩れてはいけないので、朝六時には起きることにした。そして、九時には塾を開けてくれるというので、午後入試の前に二〜三時間だけでも塾で対策しようということになった。

結局一一時半くらいにお迎えに行き、自宅で昼食をすませてから〇林に向かう。夕方五時ごろまで試験を受けて自宅に戻り、午前中のうちに用意しておいた酢豚をレンジでチンして食べる。

二日間にわたる入試本番の緊張感のあとで疲れていたのだろう。あるいは、いい結果が期待できないことを本人がいちばんよく知っていたのか、今日は結果は見ないで寝ると言った。夕食を食べて風呂に入ると、すぐにベッドに潜り込んだ。

結果はやはりだめだった。鉄也もさすがに肩を落とした。

残されたチャンスはあと一回。明日のみだ。

翌朝、六時にマユミを起こす。

「どうだった？」

ベッドの中でマユミが聞く。

「残念だった。今日、悔いの残らないようにやっておいで」

「うん」

動揺は見られない。もはや想定内だったのだろう。

この日も午前中は塾に行き、午後からの入試に挑む。

終了後、四度目の挑戦を終えたマユミに聞く。

「どうだった?」

「どうかな……」

不安そうだ。これはきっと難しい。

そこで茜は秘かに用意しておいたプランを提案した。

「せっかくいままで頑張ってきたんだから、最後に合格だけでも経験しようよ。模試で八〇パーセントが出ていたS女子大付属の入試が明後日にもあるから、受けてみない?」

せっかく頑張ってきたのだから、せめて成功体験で終わらせてあげたい。

「いまから申し込めるの?」

「うん、いまからでも大丈夫。受かっても行かせてあげられないけど、受けたほうがいいよ。せっかくここまで頑張ってきたんだから、一つでも合格をとって、そのうえで公立中学を選択すれば、絶対気分が違うから。ママを信じなさい」

「うーん、わかった……」

「じゃあ、決まり。そうと決まったら、今日はしっかり休んで疲れをとって、明日、塾でみっちり対策してもらいなさい。塾の先生にはママから伝えておくから」

「うん。……でも、今日の夜、O林の合格発表もあるよね」

「あ、そうね。それはどうする？」

「明日テストはないから、自分で見たい」

「わかったわ」

スマホでS女子大付属の願書提出をすませると、すぐに塾に電話して、急遽《きゅうきょ》、明後日のS女子大付属受験を追加することを報告した。過去問を解いたこともなかったが、明日の一日でできるだけの対策をすると言ってくれた。

仕事柄、このあたりのタスク処理能力には自信がある。鉄也にはまだS女子大付属のことは内緒だけれど……。

帰宅して、夕食をゆっくりとり、風呂にも入れ、部屋を暖かくして合格発表のときを待つ。まず無理だろうと茜は思っているので、緊張はしない。でもやっぱり、本人はそわそわしている。

時計の短針が一〇を指した。マユミと茜と鉄也の三人で、マユミの手に握られているスマホの画面に注目する。O林の合否を確認するのもこれで四回目。サイトの遷移にも慣れたものだ。O林の最後の入試の合格者一覧が表示される。

やはり不合格だった。この瞬間、O林の吹奏楽部に入るマユミの夢が途絶えた。

「よく頑張ったよ」

中学受験にはずっと反対だった鉄也が思いのほか優しい言葉をかけると、マユミはぶわっと泣き出した。この三日間、必死に抑圧していた不安と悲しみが、一気に溢れ出したようだった。

「もう吹奏楽できないの？　吹奏楽も頑張ってきたし、中学受験勉強も頑張ってきたのに、なんでだめなの？」

見たこともない娘の落胆の様子に、さすがの鉄也も胸を痛めているようだ。

そこで茜がすかさず、S女子大付属を記念受験させるつもりであることを鉄也に伝える。

「せっかくこれだけ頑張ってきたんだから、合格をとらせて、成功体験として中学受験を終わらせてあげたいの。合格しても絶対に行かせないから安心して。でも合格したうえで、公立中学を選ぶのと、ほかに選択肢がなくて公立中学に行くのとでは、全然気分が違うでしょ。だからお願い。あと一回だけ、中学入試を受けさせて」

「どうせ行かないんだったら、お金の無駄でしょ……」

鉄也は一応反対してみたものの、嗚咽《おえつ》するマユミを前にすると、それ以上言えなくなった。

「マユミも受けたいのか？」

「うん。このままじゃ悔しい」

「じゃあ、約束ね。受かっても行かない。でも、せっかくの頑張りを無駄にしないために、S女子大付属を受験する。合格しても、胸を張って公立中学に進学する。それでいいね」

「うん。それでいい」

茜はほっとした。

「あなた、ありがとう」


二月四日は、朝一〇時から夕方五時まで、塾でマンツーマン指導を受けた。茜は丸一日自宅にいられたので、体力的にはだいぶリフレッシュできた。塾までお迎えに行くと、今日一日つきっきりで指導してくれた講師が出迎えてくれた。

「マユミさんはいま片付けをしているので、もう少ししたら出てくると思います。今日初めてS女子大付属の過去問を解いてもらいましたけど、合格最低点をとれています。明日はきっと大丈夫ですから、お母さんも今夜は安心して寝てください。疲れも溜まっているでしょう」

そう言う講師の顔にもさすがに疲れがにじみ出ていたが、教室から出てきたマユミの表情は思いのほか清々しかった。

「マユミ、お疲れさま」

「ママ、去年のS女子大付属の問題で、合格最低点がとれたよ!」

「すごいじゃない。その調子で明日も頑張ろうね。せっかく身につけた力を出し切って、合格を勝ち取って、胸を張って中学受験をおしまいにしよう」

二月一日の入試初日がはるか昔のことのように感じられる。たった四日間をこんなに長く感じたことは生まれて初めてだ。

すでにほとんどのクラスメイトは進学先を決め、羽を伸ばしていることだろうと思っていたが、午後になると、マユミのほかにもあと三人、自習室にやってきて、翌日の入試の対策を行っていたという。

崖っぷちに立たされた一二歳が、最後まで諦めず、必死に食らいついている。彼らの気持ちも、それを支えている保護者の気持ちも、茜には痛いほどによくわかる。みんなの努力が報われてほしいと祈った。

いままで、中学受験をしたのにどこにも受からなかったいわゆる〝全落ち〟の話には冷ややかな反応をしている自分がいた。そうはいってもどこかには受かるでしょ。何やってたのかしら……。正直、バカにしていた。

彼らがどんな思いで、二月四日や五日をすごしていたのか、想像すらできていなかった。これからは二月になるたびに、いまのこのヒリヒリとした気持ちを思い出すだろう。どこかに同じ思いをしている親子がいることを忘れないだろう。そう思いながら、茜はかつての自分を恥じた。

翌朝、朝食を食べ終えたマユミの目は落ち着き払っていた。

入試本番五日目ともなると心が折れてしまう子も多いと聞くが、吹奏楽で培ったメンタルのおかげでその点は心配なさそうだ。あらゆる邪念が消えてなくなり、スポーツ選手がよくいう、いわゆるゾーンに入っているような状態に見えた。大事な演奏会の前にもこういう佇《たたず》まいになることがあった。

初めて訪れるS女子大付属の校門をくぐる。O林同様、こちらの学校も大学に併設されているので、キャンパスが広々しており、まるで大きな公園の中を散歩しているような気分が味わえる。春には新緑が美しいだろう。

「頑張ってね」

「うん」

試験会場に向かうマユミを愛おしく見送った。その背中は、S女子大付属の校舎の中に溶け込むように消えていった。

マユミ自身が選んだこととはいえ、十分なサポートもできず、結果もともなわず、一二歳にとっては過酷な経験をさせてしまったのかもしれない。中学受験という選択を後押ししたことを、茜は少し後悔していた。

いまは鉄也もまだ何も言わないけれど、こんな結果だと、やっぱりお金の無駄だったとか、あとでどんな嫌みを言われるかわからない。それを思うと、気が重い。

感染症予防のために、保護者控え室はない。いちど駅前まで戻って喫茶店で時間をつぶした。O林の三回目や四回目よりも落ち着かない。万が一、これで不合格だったら、マユミはどうなってしまうのか心配になった。

しかし試験を終えたマユミの表情が、茜の不安を吹き飛ばした。

「できたと思う!」

いままでにないリアクションだ。

その日の午後二時には結果が出る。

いつものように茜のスマホで合格発表専用サイトにアクセスする。そこから先は、マユミ自身が操作する。泣いても笑ってもこれが最後。どうせ合格しても行かないし。でも、どうにか受かっていてほしい。

マユミがスマホの画面に触れた。

「やった！　合格だって！」

「よく頑張ったね！　これでもう悔いはないね。ママにも見せて」

「はい、ほら、見て！」

「えっ、ちょっと待って……」

「何……？　嫌だ……」

「違うの。これ、特待合格じゃない？」

「どういうこと？」

「学費が免除されるの。しかも、えっ、これ、三年間ぜんぶタダになるすごくいいやつだよ……」

「でもどうせ行かせてくれないんでしょ」

「そうなんだけど、でも、学費がタダなら、パパもいいって言ってくれるかもよ」

「そうなの!?　S女子大付属の吹奏楽部は大会でもいい成績を残しているし、行かせてもらえるんだったら、私、行きたい。S女子大付属に行きたい！」

茜は鉄也にLINEした。

「今日は何時ごろ帰ってくる？」

「なんで？」

「今日受けたS女子大付属、合格だった」

「よかった」

「相談したいことがある」

「何を？　えっ、まさかS女子大付属に行きたいってマユミが言い出したの？」

「いや、そういうわけじゃないんだけど、三年間授業料が免除される特待合格だったの」

じれったくなった鉄也は、茜に電話した。

「じゃあ、やっぱりS女子大付属に通わせてほしいってこと？　話が違うじゃん」

「そうなんだけど、特待なんだから」

「とにかくあとで話そう。早めに帰る」

「ありがとう」

　夕食前に鉄也が帰ってきた。

　一年半の受験生生活から解放されたマユミは、マサキといっしょにテレビを見ている。こんな光景を見るのは久しぶりだ。

「合格おめでとう」

　鉄也がマユミの頭をなでる。

「でも、O林以外は行くつもりないいんだったよなあ」

「でもね、学費がかからないいんだって。それだったら公立中学校に通うのと同じでしょ」

「そうは言っても、交通費もかかるし、授業料以外のお金だって意外とかかるだろうし、公立中学に行くのとまったく同じってわけじゃないだろう」

「でも、地元の中学には強い吹奏楽部がないでしょ。S女子大付属の吹奏楽部は結構強いんだよ。私ここで吹奏楽部に入りたい。お願い！」

「いますぐには決められないよ。あとでママとも話すから、ちょっと待って」

「わかった……」

　マユミは不安でいっぱいの表情をしている。久しぶりにしげしげとわが子の顔を見てみると、やっぱりまだあどけなさがだいぶ残っている。

入学手続きの期限は二月八日。

茜は急遽会社を休み、S女子大付属を見学させてもらった。学校説明会にも参加したことがなく、入試のときに初めて校門をくぐっただけ。吹奏楽部があること以外、何も知らなかったが、いい学校だと感じられた。

その帰り、役員の仕事のために小学校に立ち寄った。吹奏楽部の指導者に、O林はだめだったこと、そしてS女子大付属の特待がとれたことを報告すると、とても驚かれた。

「えっ、特待なら、S女子大付属に行くんですよね!? あそこの吹奏楽部の顧問は私の後輩なんです! マユミちゃんがあそこに入ってくれるなら、こんなに嬉しいことはないです。こんど後輩を紹介しますよ」

「でも、夫がだめだって言ってるんです。O林なら行かせてあげるけど、ほかは受かっても行かせないって約束だったので」

「それはもったいないです。S女子大付属を蹴っちゃったら、マユミちゃんは吹奏楽部を続けられなくなっちゃいますよね。せっかくいままで受験勉強とも両立してきたのに」

そのとおりだった。

猶予はない。今日ばかりは早く帰ってきてほしいと、鉄也にＬＩＮＥする。帰宅したばかりの鉄也をつかまえて、学校見学の報告と吹奏楽部の指導者の見解を茜から伝えたうえで、マユミがもういちど鉄也にお願いする。

「パパ、行かせて、お願い」

これまでさんざんごねていた鉄也であったが、覚悟はできていたようだ。

「じゃあ、吹奏楽もやりながら、しっかり勉強もするんだぞ。吹奏楽ばっかりやって、勉強がおろそかになるようだったら、いつでもやめさせて、公立中学に転校してもらうからな」

「えっ、いいの！　ありがとう！　やったー！」

マサキも嬉しそうに笑う。

「ネェネ、よかったね！」

翌日から、マユミは小学校の吹奏楽部に復帰した。

「中学校でも吹奏楽部を続けるんだ！」

みんなに報告した。

「先生がすごく喜んでくれた！　先生の後輩がＳ女子大付属の吹奏楽部の顧問なんだって！　中学生になったらますます吹奏楽を頑張ってねって。中学受験して良かった！」

羽が生えて飛んでいきそうなくらい、大喜びで学校から帰ってきた。この姿を見て、いままでのすべての苦労が報われた気がした。

吹奏楽に対する強い想いがたぐり寄せた奇跡の特待合格だった。こんな中学受験の終わり方があるんだ。小学校の入学式で吹奏楽部の演奏に出会ったことがきっかけで、中学受験をすることになり、思いもしなかった好条件で私立中高一貫校に通えることになった。

高校生になれば、私立高校であっても、国の就学支援金と都の助成金で学費は実質無償化といわれている。

でも、S女子大には進学しないで、大学受験をして、MARCHくらいには行ってほしいな。茜の心の中には、そんな欲まで早くも芽生えていた。

人生、何があるか、本当にわからない。中学受験をさせてよかった。茜はほくそ笑んだ。そのたった数日後に、自分を人生最大級の衝撃が襲うことなど、まったく知らずに。

週末、遊び疲れた子どもたちが早々に寝た。

「ちょっと話がある」

鉄也がぼそっと言った。

「何？」

「あのさ、俺たち、離れて暮らしたほうがいいと思う」

次の夏休みにはどこに行きたい？と聞くくらいの自然なテンションで、鉄也はとんでもないことを切り出した。

「え!?　ちょっと、あなた、何言ってんの？」

「根っこが違うんだよな」

「根っこ？　根っこって何？」

「考え方の根本っていうか。表面的な考え方が違ったとしても、お互いに歩み寄ればすり合わせられることも多いと思うけど、俺たちの場合、根っこの部分が違うから、この先どうやってもわかりあえる気がしないんだ」

「別れるってこと？　離婚したいの？」

「ゆくゆくはそういう感じかな」

「ちょっと、待ってよ。何勝手なこと言ってんの？　だってさ……」

不意打ちに動揺しすぎて、頭が回らない。茜は必死に次に続けるべき言葉を探す。

「だってさぁ、これから中学に入ってお金もかかるんだよ」

「でも、特待とれたんだろ」

「そういうことじゃなくてさぁ」

「じゃあ、どういうこと？」

「なぜ、このタイミング？　そう思ってるなら、なんでもっと早く言ってくれないの？　なんで終わってから言うの？」

「終わってからって、中学受験が？」

「決まってるでしょ！」

「そりゃそうでしょ。ふたりが一生懸命やってるから、中学受験が終わるまでは言えないなと思って、むしろ一段落するまで待ってたんだよ」

「何よ、むしろって！　知らずに頑張ってた私がバカみたいじゃない」

「ん？」

「一段落じゃなくて、これからがスタートでしょ。何言ってんの？」

「……」

茜は自分の心臓がバクバクと暴れていることに気がついた。視界が白くぼやけて見える。湯上がりでのぼせたような感覚のなかで、絞り出すように言った。

「気持ちはわかりました。いったん考えさせて」

鉄也はずっとそう思っていたというが、茜にはまったくの青天の霹靂《へきれき》だった。はらわたが煮えくり返ってしょうがない。〇林以外行かせないと言っていたのに、意外と簡単にS女子大付属への進学を認めてくれたのは、どうせ別れるし、とか思っていたからなのか？だとしたらなおさらムカつく。

特待生とはいっても、交通費はかかるし、公立中学よりは何かとお金がかかるのに。下の子もいるし。いやマジで、私はこれからどうしたらいいのだろう……。

それから、一週間、茜は鉄也と目を合わせることもできない。鉄也は鉄也で忙しそうで、毎晩帰宅するのは深夜の〇時を回っていたので、ほとんど会話する機会もなかった。

二人の関係の何をどうもっていけばいいのか。つなぎ止めるべきなのか、さっさと別れたほうがいいのか。茜にはそれすらわからなくなっていた。

想定外は続くものである。別れ話を切り出されてからちょうど一〇日後、勤めていた会社が吸収合併されることが発表された。それにともない、春に大規模な組織改編が行われるという。茜には転勤をともなう部署異動の打診があった。

「え、私、非正規雇用だから、転勤はない約束ですよね」

「そうなんだけど、どうしてもあっちの事業所の人員が足りなくて、すぐに業務を引き継げそうな優秀で経験も豊かなひとは、赤堀さんくらいしかいないんだよ。転勤といってもこの事業所ならご自宅から通えるでしょ」

その自宅も、これからどうなるかわからないところなんですけど……。

しかも、個人担当から法人担当へとまったく分野が異なる別の部署への異動だった。契約のこと、保険のこと、関連する法律のこと、すべていちから学び直さなければならない。会社が変わることによって、社内システムも変わるという。

その後、卒業式があったり、入学式があったりしたのだが、実のところ、六月くらいまでは記憶が飛んでいるくらい多忙だった。とても夫婦で今後の話ができる状態ではなかった。むしろ仕事上の多忙がプライベートでの現実を忘れさせてくれていたかもしれない。

思い出せるのは、卒業式でマユミが「翼をください」を堂々と演奏していたことくらいだ。あのときは、まわりの保護者から心配されるほどに、嗚咽が止まらなくなった。

新しい職場への通勤に慣れ、マユミもS女子大付属に慣れ、マサキも小学校に慣れ、ようやく一学期が終わろうとするころ、よその家庭では夏休みどこか行く?という話題で盛り上がっているであろうころ、子どもが寝てから、こんどは茜から切り出した。

「ねぇ。二月に話した、あのときの、別れるとかなんとかって話だけど、気持ちは変わってないの?」

「変わってない」

「今後、具体的にはどう考えているの?」

「いや、具体的に何をどうするということは考えてない」

「じゃあ、私はどうしたらいいの?」

「……」

意味がわからない。お前のことは理解できない、いっしょにはやっていけないとだけ告げるだけ告げて、そのあとどうしたいのか、具体的な提案はない。

でもいまさら驚かない。何事も自分からは動かないひとなのだ。

向こうから切り出された別れ話でも、結局自分が動かないと何も進まないのだなと、茜は悟った。それからネットで「離婚」を何十回、何百回と検索し、親権のこと、慰謝料のこと、養育費のことなどの知識をつけていった。弁護士も自分で探して相談した。

弁護士から提案された条件を見せると、鉄也は素直に応じた。離婚の条件面で係争に発展する可能性はなさそうだ。その条件を公正証書としてまとめるために、公証役場に何度も通った。離婚に関連する各種手続きを教えてもらうために役所にも何度も足を運んだ。経済的にも自立しなければならない。異動したばかりの部署で、正社員にしてもらえないかとお願いした。これまで何度も提案されて、断っていたのに、ずいぶんと勝手なことだと自分でも思った。でも、待ってましたとばかりに、会社もすぐに手続きを進めてくれたので、助かった。

ひと夏のあいだに、八キロも痩せていた。夜、眠れないことが続き、心療内科を受診すると、不眠症と診断された。睡眠薬を処方され、三日以上眠れない日が続いたら飲んでくださいと言われた。

テレビではお天気キャスターが、来週にも台風が上陸する可能性があることを伝えている。

「公正証書も用意できたけど、このあと私たちどうするの？　あなたはいつまでここにいるつもりなの？」

「まだ具体的には決めてない」

「私だっていつまでもこんな状態で暮らすの嫌なんだけど」

「実はさ、俺、会社辞めようと思ってるんだよね」

「転職するの？」

「いや、そうじゃない」

「じゃ、何なの？」

「自分は会社員には向いていないってことがよくわかったから、独立しようと思ってる」

「賃貸業の代理店でもやるの？」

「いや……」

「何するの？」

「運送業」

「はっ？」

「ほら、軽自動車のミニバンでAmazonとか配達してくれるじゃん。あれ」

「ちょっと待ってよ！　なんでそんなことになってんの？　養育費も毎月ちゃんと払ってほしいし、別れるとはいってもひとりじゃないんだから」

「だからさあ……、お前のそれが嫌なんだよ！」

「えっ？」

「俺が何かに挑戦しようとすると、必ずネガティブなことを言うじゃないか。なんで『頑張って』って背中を押してくれないんだよ！」

子ども相手じゃないんだから、突拍子もないことを言われて、ただ「頑張って」なんて、言えるわけがない。何を言っているのだ、この男は。

「だって運送業なんてやったことないじゃん！」

「車は中古で買えば初期費用はわずかで始められるし、下請けの形で、大手からまとまった仕事を振ってもらえて、いま毎晩深夜残業してようやく稼げる月収の一・五倍くらいを、一日八時間の労働で稼げるんだぞ」

「そんな甘い話ないと思うよ」

「だから、お前のそういうところが嫌なんだって言ってんだろ！」

だめだ。このひとはもう聞く耳をもっていない。

自分から離婚を切り出して、面倒な手続きはぜんぶ押しつけて、会社も辞めて、ひとりで事業を始めて、人生のあらゆることをリセットするつもりだ。

何が彼のこれまでの人生を全否定したのだろう。

「わかった。好きにしなよ」

「いま、三八だから四〇になるまでには家族のことも仕事のことも区切りをつけたい。これから二年間はそのための準備期間にしたい」

「だから、ちょっと待って」

あ、また言ってしまった、と思いつつ、茜は続ける。

「なんで四〇なの?」

「いやぁ、自分のなかでは四〇かなあと思ってて。区切りがいいから」

「なんであなたの年齢が基準なの? なんで子どもの成長とか進学の区切りとかを基準にしてくれないの?」

私たちは根っこが違う。それは鉄也の言う通りだった。

夫婦はもともと他人同士だから、どこまで行っても絶対にわかりあえないところは残るし、お互いに譲れないところもある。それは誰といっしょになっても同じことだと思う。それをわかったうえで夫婦を続けていけるならいいけれど、私たちはそうじゃないらしい。

もういいや。茜は吹っ切れた。

翌年一月に、鉄也は本当に会社を辞めてしまった。収入はない。茜の稼ぎで回している暮らしにフリーライドしている状態だ。

「いつ出てくの？」

「うん、そのうち……」

茜のタンスの引き出しでは、すべての欄が記入された離婚届が万全の体制で、鉄也のハンコがつかれるのをいまかいまかと待っている。

当の鉄也は、なぜかいまも家にいる。普通に会話もある。でも、もう、気持ちはまったくない。

幸い、マユミは楽しそうに学校に通い、生き生きと吹奏楽を頑張っている。

小学校までは引っ込み思案なところが目立つ性格だったが、中学に入ってからキャラ変した。見るからに性格が明るくなり、自分の意見をはっきり言えるようにもなった。女子校という環境が合っていたのかもしれない。

あそこで中学受験を選択していなかったらマユミはいまごろ、陰キャのまま、吹奏楽もできず、高校受験用の塾に通い、内申点を気にして先生の顔色をうかがい、クラスメイトと推薦入試の枠を争っていたことだろう。

そしていまになって思えば、第一志望のO林に進学してしまってから離婚を言われ、鉄也が仕事を辞めていたら、退学に追い込まれていたはずだ。現在の経済状況ではとてもO林の学費は払えないからだ。O林に落ちて、S女子大付属を受けて、特待がとれたから、マユミは吹奏楽を続けることができた。

吹奏楽への情熱がきっかけとなって、思わぬところにマユミの人生は開けた。親が自分の価値観の枠の中で子どものことを何でも決めてしまっていたら、こんな意外な人生の選択を娘がして、性格まで変わって、多感な時期をのびのびとすごすことはなかっただろう。

マユミが吹奏楽に出会っていなかったら、中学受験をすることもなく、夫婦の互いに未熟な部分がこれほどまでに露呈することもなかっただろう。

中学受験は、家族関係が試されるイベントなんだと思う。考え方の違いがごまかせない。それまでだましだましやってこられた夫婦でも、中学受験ではごまかしがきかなくなる。

ここでのだましだましっていうのは、意識的にうまくやるってことじゃない。自分でも知らず知らずのうちに、自分をごまかしていたこと、相手に気を遣っていたこと、そんな自分の無意識が、具体的な言葉や行動になって表出してしまう。それが中学受験なのだ。

うちは見事に夫婦関係が崩壊した。でもそれでよかったんだと思う。だましだましで人生を丸ごと無駄にするよりも、いま気づいて良かったのだ。自分にとっても鉄也にとっても、これから人生の新たな局面が始まる。そう考えると、将来が楽しみになる。

茜の体重は減ったまま。睡眠薬も常用している。

でも、いろんな意味で良かったと、茜はせいせいしている。

梅雨の晴れ間の青い空が広がる会社の窓を、つーっと何かが一直線に横切った。ツバメだ！　次の瞬間、それはひらりと輝きながら鋭角に進路を変え、また次の瞬間ひょいと折り返し、真っ青なキャンバスに見事な三角形を描いた。タクトみたい！

遠ざかるツバメを見送りながら、茜の脳内では「翼をください」が再生されていた。

解説

夫婦を襲う中学受験クライシス

「それまでのだましだましが通用しなくなり、考え方の違いがもろに出てくる。うちは如実に崩壊しましたけど、家族関係が試されるのが中学受験なんだと思いました。親や家族を巻き込む強力な引力が働く受験なんですね」

インタビューの最後に、茜がしみじみと言った。小学校受験とも高校受験とも違う、中学受験の難しさを的確に表現している。

中学受験を機に、夫婦関係にひびが入ることがある。対処の仕方を間違えると、それが修復不可能なくらい大きな溝となる。夫婦を襲う「中学受験クライシス」といってもいいだろう。

中学受験クライシスの構造を理解する手助けとして、心理カウンセリングの家族療法に用いられる「ボーエン理論」の考え方を紹介したい。

ボーエン理論とは、家族をひとつの「情動システム」としてとらえ、個々の家族メンバーが相互に影響し合ってバランスを保っているとする考え方だ。

家族メンバーの一人一人は、家族の一部であろうとする力と独立した自己であろうとする力のバランスをそれぞれに保っているととらえる。独立した自己であろうとする力が勝っている状態を「分化度（自己分化度）が高い」と表現する。この分化度という概念が重要だ。

家族内のメンバーは、それぞれお互いに感情的に反発し合って交流している。複数の磁石がともに反発し合いながら微妙なバランスを保っているのをイメージしてほしい。そのなかで、分化度の高いひとは、理性が優位で、感情的になりにくい傾向がある。自己が確立し、ほかの家族メンバーの感情的交流に過敏に反応しない。

感情のバランスは、たとえば子どもの成長、家族メンバーのケガや病気、そして死などで変化する。そのたびに家族メンバーは、まったくの無意識で、相互補完作用を働かせてバランスを調整し、家族システムを保とうとする。

家族の誰かが大きな問題を抱えているときにも同様の変化が起こる。たとえば父親がアルコール依存症になってしまった場合、妻が夫の役割を補完しようとする。そのとき、場合によっては連鎖的に、子どもは母親の役割を補完しようとする。

この状態が続くと、お互いに分化度は下がり、感情的になりやすくなる。家の中は常にごたごたする。父親のアルコール依存症を治すためには、その構造自体を変えなければならないといわれている。

対立がないのは必ずしも良いことではない

分化度が低い家庭に育つと、他者との関係性を結ぶうえでの凸凹がどちらか極端に出やすい。たとえばやけに世話焼きだったり、逆に甘えん坊だったりする。それはつまり常に寄りかかる対象を必要としているということであり、個が確立されていないともいえる。

未分化のひとが結婚すると、当然結婚相手に共依存の関係を求めることになる。異常に甘えるという形もあるだろうし、過干渉気味にかかわる形もあるだろうし、支配的に接する形もあるだろう。いずれにせよ、相手も自分も独り立ちできないような感情癒着状態をつくろうとする。まったくの無意識で。それが共依存だ。

精神的自立ができていないので、自分の存在意義を相手に頼ろうとする。しかもその相手が精神的に自立することを無意識のうちに妨げようとする。自分が置いてけぼりにされるのが怖いからだ。

感情的に癒着した夫婦の情動システムが何か大きなショックによって揺らぐと、お互いの不安が増し、夫婦喧嘩のような激しい感情的交流がなされるようになる。一時的に夫婦の分化度が下がりやすい。中学受験はその大きなショックに十分なり得る。

でもこれはチャンスでもある。結婚相手との間に葛藤が生じ、それに真正面から向き合えば、未分化の部分を補完できる可能性があるからだ。そこで負の連鎖を断ち切り、分化を果たすことができれば、次世代つまり子どもたちに悪影響がおよばずにすむ。

ところが困ったことに、分化度の低いひとほど、目立った対立がないことを順調に物事が進んでいる証拠だと誤解することが多い。せっかく危機が生じても、夫婦での衝突を避け、小手先で回避しようとしてしまう。すると、人間的成熟が得られないままになる。

逆にいえば、私がさまざまな著作で述べている、中学受験を通した親の人間的成熟とはまさにこのこと、つまり分化度を上げることだと換言できるのだ。

多くの場合、結婚相手はほぼ同等の分化度を示すことが知られている。夫婦どちらかだけの分化度が高いということは起こりにくい。いわば自分にちょうどよい〝トレーニングパートナー〟を見つけて結婚するようにうまくできている。だから、夫婦二人きりのときはお互いに心地よい共依存関係を続けていたのに、子どもという第三因子が絡んでくるとバランスが崩れ、課題が露呈し、分化が求められる。

分化が進む過程では、たいがい大きな精神的苦痛を伴う。いわば成長痛である。これが中学受験にまつわる夫婦の葛藤の正体であると考えられる。

苦しいけれど、そこでお互いの分化度を上げなければならない。自分の考えや感情を相手のせいにせず、問題に向き合い、自分にできることとできないことを峻別《しゅんべつ》し、できることをする。家族の一員でありながら、独立した個人として振る舞わなければいけない。

不機嫌でいるパートナーのご機嫌をとるような、回避的行動を続けると、互いの分化度は低いまま維持されてしまう。分化度が低いままにしておくと、夫婦はやはり共依存の状態に陥り、身動きがとれなくなる。お互いに得体の知れない窮屈さを味わい続けることになる。

その状態で仮に中学受験クライシスを回避できたとしても、思春期クライシス、更年期クライシス、転職クライシス、リストラクライシス、定年退職クライシス、介護クライシス……家族を揺るがす危機はいくらでも襲ってくる。問題が先送りされるだけだ。

先送りされ続けた問題が大きくなりすぎると、分化度の低いひとは、「情動のカットオフ」という形で突然関係を切り捨てることがある。夫婦の場合、離婚を意味する。しかし、カットオフを用いると、個人としての分化度はさらに下がり、悪循環をくりかえす。

ここでもういちど、複数の磁石がともに反発し合いながら微妙なバランスを保っている状況をイメージしてほしい。磁石のN極とS極が完全にくっついて、一塊になってしまえば安定する。しかしそれは分化度がゼロ、つまり完全なる感情癒着状態である。これではどちらも個として成長できない。家族がお互いに独立を保つためには、常に適度な間隔を保ち揺らいでいるように見えるくらいがちょうどいい。夫婦関係も同じである。

赤堀家の場合、両親ともに分化度が低い家庭に育ったのかもしれない。鉄也だけでなく、茜にも、客観的には過干渉な子どもへのかかわりを必要悪であるかのようにとらえる言い草があった。「あなたのため」を大義名分として行われる過干渉、いわゆるパターナリズム（父権主義）である。

小六の夏休みを前にして、偏差値五〇に届かなければ、志望校のレベルを下げるか、さもなくば中学受験をやめたほうがいいと塾から宣告される場面を思い出してほしい。これはよほどのことである。

おそらく塾側の意図としては、なんとしても偏差値五〇をとらせるためのマユミに対する脅しではなく、厳しくしなければ成績は伸びないと思い込み、マユミを追い込み、暴走気味になっている母親の茜に、現実を冷静に見てほしいと訴える意味があったのではないだろうか。

忠告を受けて、茜は「頑張らせます」と返答するが、「だから、そこじゃないんですよ……」というのが担当講師の本音であったはずだ。ただし、このあたりの描写には私の想像が含まれていることも断っておく。

中学受験が終わって、鉄也は情動のカットオフを試みるが、いざ茜がそれに応じると、二の足を踏んでしまった。自分の分化度が低く、独り立ちなどできないことを潜在的に理解しているのかもしれない。そんな鉄也をなじりながら茜も、鉄也を生活の一部として受け入れてしまっている。

習い事をやめれば意欲も下がる

赤堀家の中学受験を、中学受験そのものの観点からもふりかえってみよう。

中学受験の動機は、吹奏楽を続けるためである。やりたいことのためにやりたいことができる学校を目指すのは、ひとつの理想であろうと思う。

成績は芳《かんば》しくなかったが、最後まで吹奏楽との両立を諦めなかったことも立派だ。それをほぼワンオペでサポートした茜も見事だ。中学受験において、小六のぎりぎりまで習い事を続けるケースが年々増えているように感じる。いい変化だと思う。

子どもが、習い事の練習も頑張りながら、残りの時間で一生懸命勉強しているのを見ると、習い事の時間も使えればもっと勉強量が増やせるのにと錯覚してしまう保護者は多いかもしれない。でも実際は、せっかく頑張って取り組んでいた習い事をやめさせられることで子どもが受ける精神的ダメージは大きく、何かを頑張るという意欲が根こそぎ削がれてしまう。習い事への意欲だけを消去できて、勉強への意欲は維持できるなんて虫のいい話はない。

言い換えれば、一生懸命取り組んでいる習い事は、勉強をするうえでの精神的土台になっている場合がある。その子のアイデンティティーになっている場合さえあるといってもいい。その習い事を引き算すると、ジェンガのようにすべてが崩れてしまうというわけだ。

こんな寓話を聞いたことがある。飛ぶスピードに自信のある一羽の鳥が、「空気抵抗さえなければもっと速く飛べるのに」と嘆いたという。それに似ている。習い事をやめさせれば勉強時間が増えて成績が上がるんじゃないかというのは幻想である。

その代わりに私は、習い事については、始めるときにやめどきを話し合っておくことが大切だと考えている。

たとえば、「四級をとるまではどんなことがあってもやめないで頑張ろう」と決めておく。

四級をとったらその時点で、その習い事をやめるか続けるか判断し、続けると決めたのなら、次の目標を設定して、それをクリアするまでは何があってもやめないと約束する。あるいは、「始めるからには半年はやめないで続けよう」と期間を区切る。その場合、半年経った時点で、やめるか続けるかを判断する。続ける場合は次の期間を決める。それをくりかえす。

そうすれば、約束した目標をクリアした達成感を抱きながら習い事をやめることができる。そうでないと、たいていの場合、習い事のやめどきは、やる気をなくす、諦める、生活が回らなくなるなどのネガティブな形でしかやってこない。それではせっかくやってきたその習い事に対するイメージ全体が悪くなってしまう。

だから、中学受験をする場合、習い事に関してはたとえば「五年生の夏休みまでは何としても続けよう。その代わり、夏休みが終わった時点で、続けるかどうか、相談しよう」などと予《あらかじ》め決めておくとよい。続けるならば「次は冬休みが終わったタイミングで考えよう」などと再設定する。ただし、「偏差値が六〇に届かなかったら」などというネガティブな条件設定はやめたほうがいい。単なる脅しになってしまうからだ。

得意をアピールする中学入試

マユミのように、自分のやりたいことがはっきりしている子どもや突出した得意分野がある子どもには、「新型入試」という選択もあることを、付け加えておこう。

新型入試とは、ひと言でいえば教科の枠組みを超えた入試のことである。公立中高一貫校の適性検査の形式に似せた適性検査型入試、与えられた資料を読み解きながら自分の考えをまとめていく思考力型入試のほか、面接形式で自分の得意をアピールするプレゼンテーション入試や、グループで調べごとをして発表するプロセスそのものを評価するアクティブ・ラーニング型入試なるものまで登場している。

マユミの場合、プレゼンテーション型入試で吹奏楽に対する想いや実際の演奏や大会での実績をアピールすれば、それが決め手となって合格を手にできたかもしれない。

現在では、首都圏にある約三〇〇の私立中学のうち約半数が、何らかの形で新型入試を実施している。ただし、得意なことさえあればいわゆる中学受験勉強をまったくしなくても私立中学に入れるという話ではない。詳しくは拙著『中学受験「必笑法」』（中公新書ラクレ）を参照されたい。

なお、もしマユミが第一志望に合格してしまっていたら、離婚および鉄也の退職により退学に追い込まれていたかもしれないと茜は言うが、これに関しても少しだけ補足する。

在学中に保護者の経済状況の急変により学費の支払いに困難が生じた場合の救済措置として、就学支援奨学金制度を独自に設けている私学は意外と多い。誰をどんな災難が襲うかわからない。時代の荒波を乗り越えてきた私学には、困ったときはお互い様の精神が根づいている。学校個別の奨学金制度のほか、たとえば東京都私学財団も「奨学給付金（家計急変）の助成」という制度を設けている。必ずしも、金の切れ目が縁の切れ目ではないことは、いざというときのために知っておくといいだろう。

第三章

子

大きな背中に必死にしがみついていた。温かかった。エンジンの轟音と風を切る音しか聞こえない約三時間半。ようやく目的地の湖に到着した。自分はただしがみついていただけなのに、達成感がある。

「よし、降りていいぞ」

父に言われて、緑川《みどりかわ》ソウタはバイクから飛び降りた。長いことエンジンに揺さぶられ続けたせいで、船から下りたときのように、なんだか体がふわふわする。

この日はソウタの一一歳の誕生日だった。父と子のいわばバースデイキャンプに来ている。

「うわぁ、富士山がおっきい!」

ヘルメットを脱ぐと、ソウタは西日に照らされる巨大な富士山を仰いだ。キャンプ場を囲む山の緑のところどころに、もみじの赤や黄色が差し色となって、鮮烈なアクセントを加えている。湖面は穏やかにさざなみ、うっすらと映る逆さ富士を揺らす。

ひんやりとした風に乗った焚き火の香りが、鼻をかすめた。ソウタは大きく深呼吸する。空は高く晴れているが、空気はなぜか湿っていた。

「おーい、ソウタ。これを持てるか?」

バイクのエンジンを切った竹晴《たけはる》は、くくりつけてあったテントの袋を降ろしながら、息子に呼びかけた。

「うん！」

事務所で竹晴が手続きするあいだ、ソウタは茜色に染まっていく富士山をじーっと観察していた。

「テントを張っていいのは、あっちの広場だ。日が暮れる前に、急いでテントを立てよう。どのあたりがよさそうかな？」

幸い、キャンプ客はまばらで、テントサイトには余裕があった。

「パパ！　あの大きな木の近くなんていいんじゃない？」

「よし、じゃあ、そうしよう！　テント、自分で張れるか？」

「僕、できるよ。サマーキャンプで何度もやったから」

「よーし、やってみよう」

ソウタは夏休みのうち約一カ月間、親元を離れ単身で長野のサマーキャンプですごした。日中はさまざまなアウトドアアクティビティーをやらせてもらい、食事も子どもたちで自炊し、夜はテント泊する。

テント泊には少々辟易《へきえき》していたので、サマーキャンプから帰って来るなり、こんどは二人でキャンプに行こうと誘われたときには、正直、「え、また？」と思ってしまった。でも、今回ばかりは二人で来なければいけない理由があることを、ソウタも知っていた。

ふたりは慣れた手つきでテントを張り、荷物を中に収める。


もうほとんど日は暮れていた。無数の虫の音が、地面を震わす微細なバイブレーションのように、あたり一面に響いている。

レンタルした焚き火台に、集めてきた落ち葉と小枝を盛り、マッチで火をつける。徐々に太い枝を投入し、最後に薪をくべる。いい火ができた。

鉄串に刺したウィンナーソーセージを近づけると、ジュージューという低い音とともに肉汁がしたたり落ちる。パチッと高い音がして、皮が弾《はじ》ける。食べごろだ。

「串が熱くなっているから気をつけろよ」

カプッ！

「うわー、最高にうめー」

その姿がさまになっている。焚き火に照らされる愛息子の横顔を見て、塾の夏期講習には行かせずに、サマーキャンプに参加させてやはり正解だったと、竹晴は確信した。

竹晴は都内の私立女子中高一貫校で国語を教えている。だから、中学受験については必ずしも否定的ではない。でも、中学受験がときに子どもを壊したり、子どもの心に深い傷を残したりすることもよく知っている。

合格者の受験番号を貼り出すリアル掲示板の前では、受かった親子と落ちた親子の明暗がはっきり分かれる。自分の受験番号を見つけた親子は、抱き合って跳んで跳ねて喜ぶが、見つからない親子は、いつまでも自分の受験番号が飛ばされているその余白を呆然と眺める。そのコントラストがあまりに残酷だ。

その場で親がパニックになってしまうこともある。そのときの子どもの絶望の表情が忘れられない。一二歳にこんな悲痛な顔をさせちゃいけないんじゃないかと、いつも罪の意識にさいなまれていた。

頑張ったら報われると信じていられるのが子ども時代の特権である。なのに、頑張っても報われないことがある現実を、中学受験は一二歳に容赦なく突きつける。それがどれほどのリスクをともなうことであるかを十分に理解してから中学受験には挑戦してほしい。

そのリスクをなんとかして回避したり、少なくとも和らげたりする覚悟が親にないのなら、潔く挑戦は諦めてほしい。私立中高一貫校の教員として切実に思っていることだ。

中学受験はさせてもいいが、子育ての優先順位を間違えてはいけない。だから、五年生の夏休みには、夏期講習よりもサマーキャンプを優先する。竹晴が妻の葵《あおい》に提示した条件だった。

ポツリ、ポツリ、ポツリ、ポツリ……

「あ、雨だ！」

さきほどまではあれだけ快晴だったのに、雨が降り出した。

「火が消える前に急いでぜんぶ食べちゃおう！」

雨足は思いのほか速く、あっという間に火は消され、ふたりはテントの中に逃げ込んだ。

ぶら下げたＬＥＤランタンを点灯する。

「おなかはいっぱいになったか？」

「うん」

ソウタはテントの中でごろりと寝転がった。くたくたに疲れているようだ。バイクに振り落とされまいと、三時間半、竹晴の背中にしがみついていたのだから仕方がない。しかしソウタが寝てしまう前にちゃんと話さなければいけないと竹晴は意を決した。

雨はどんどん強くなり、でんでん太鼓を鳴らすように雨粒がテントを叩く。虫の音はもう聞こえない。

「ソウタ、聞いてるか」

「うん」

ソウタが上半身を起こして竹晴に向く。

「もう知っているかもしれないけれど、パパとママは離婚することになった」

「そんなの、嫌だ」

「ごめん、ソウタ……」

「そんなの絶対、嫌だ！　嫌だ！　嫌だ！」

ギーッと竹晴を睨むように見開いたソウタの目から大粒の涙がこぼれ流れ落ちる。

かけるべき言葉も見つけられず、竹晴はソウタの体を抱き寄せて、強く強く抱きしめた。

ソウタは「嫌だよ、嫌だよ」と大声を出して泣き始めた。竹晴もこらえきれなくなった。

「許してくれ、ソウタ！」と大声で泣いた。

隣のテントまでは距離があるのに加え、ざあざあ降りの雨音がカムフラージュになってくれるので、父子は何にはばかることもなく、号泣できた。涙が涸れるまで泣き続けた。夜空もいっしょになって大粒の涙を流してくれているようだった。父子は大自然に抱かれ、一体化していた。

「離婚をしても俺はお前の父親だし、困ったときにはいつだって駆けつける。ママも、面会は許してくれると約束してくれている。同じ屋根の下で暮らしていないだけで、同じ空の下に俺たちはいる。俺たちの関係は実は何も変わらない。だからお前は何も心配するな」

それを聞いてすぐ、ソウタは寝袋に潜り込み、深い眠りに落ちた。

この夜を、自分は生涯忘れないだろう。竹晴はそう感じた。ソウタの心にも、この光景、この時間が、少しでも刻印を残し、いつか大人になり、さまざまな人生の岐路に立ったとき、仮に自分がそこにいなくても、ソウタの人生を励ましてくれたらと願う。

キャンプが終わって帰宅したら、竹晴は一人で家を出る。親権は葵に譲った。いろいろ考えて、そのほうがソウタのためだと思えた。面会は許してもらえているので、これからも父親として伝えるべきことは伝えていくつもりだ。

離婚自体には納得している。しかし、愛する息子との別れは、とてつもなく切ない。この世の終わりみたいな気さえする。

それでも明日は来るし、明日は明日の風が吹くのだろう。


翌朝は、ソウタが先に目覚めた。

夜中までの雨が嘘のように、空は真っ青に晴れている。でも、下草は雨でしっとりと濡れており、朝日に照らされて、きらきらと輝いていた。

見上げれば、富士。

小さなテントの中で号泣していた自分たちが、なんとちっぽけな存在であるかを無言のうちに教えてくれる。

すぐに竹晴もテントから這い出した。

「綺麗だねえ。今日はここで何もしないで、ゆっくりすごそう」

ソウタは家の本棚から一冊の本を持ってきていた。たくさんの時計が置かれた部屋を、つぎはぎだらけの着物をまとった人物が歩いている。男か女か、子どもか大人かも判別できない。その隣には大きな亀。大きな砂時計も描かれている。

タイトルは『モモ』。作者はミヒャエル・エンデ。サブタイトルには「時間どろぼうとぬすまれた時間を人間にとりかえしてくれた女の子のふしぎな物語」とある。

ソウタが買った本ではない。気づいたときには家の本棚に挿さっており、おかしな表紙だなとずっと前から思っていた。なぜか今回、初めて読んでみようという気になり、カバンの中に入れてきた。

表紙に描かれている大きな亀の名前はカシオペイアというらしい。進むべきときに進むべき方向にモモを導いてくれる重要なキャラクターだ。

カシオペイアが示す道は遠回りであることも多い。モモが先を急ごうとするのをたしなめることもある。必ずしも早く目的地に着くのがいいことなのではなく、ペースやタイミングが大切だと言うのだ。

ふだんあまり本を読まないソウタだが、『モモ』の世界にはみるみる引き込まれていった。自分のまわりの風景が、モモが暮らす世界の景色と重なり、現実とファンタジーの境目があいまいになっていく。こんな不思議な本は初めてだった。

高く上がった太陽に照らされる富士山、湖面のきらめき、夜中の大雨、ウィンナーソーセージの焦げた香り、モモ、そして父の涙……。それらすべてが協力して、ソウタの心のわだかまりをいくぶんか押し流した。

テントをたたみ、荷物をまとめ、ふたりはバイクにまたがった。竹晴がセルボタンを押すと、エンジンがブルンと息を吹き返す。

「よし、行くぞ」

これから行く道は、単なる帰路ではない。いままでとは違う人生に続く道なのだと、諦めにも似た気持ちを携えて、ソウタは父の腰に腕を巻きつけた。


ソウタの母親の葵は、東大をはじめとする旧帝大出身者ばかりで占められた華麗なる一族の出身だった。葵の父親は、将来を嘱望《しょくぼう》された気鋭の学者であったが、葵がおなかにいるときに、不慮の事故で亡くなった。葵の母は、女手ひとつで三人の子どもを育てた。幸い、夫名義の不動産が都内にあったのでそれを相続し、安定した家賃収入が得られ、経済的には困らなかった。

葵自身、大学付属の私立中高一貫校出身だった。だから、彼女にとって、ソウタに中学受験させることは既定路線だった。幼稚園のころにはＫＵＭＯＮを始め、レゴスクールにも通わせ、小学生になるとサイエンスクラブという理科実験の教室にも通わせた。いずれも、中学受験を前提にしたときに、幼少期にやらせておくと良いと評判の習い事だ。

特にサイエンスクラブにソウタははまった。テレビで見る科学者みたいな白衣を着て、さまざまな理科実験器具を扱わせてもらえる。理科が好きになり、「僕は将来ノーベル賞をとる」と言うまでになった。

「じゃ、東大にでも行くか？」

夫婦で冗談めかして笑ったのは、小四の夏だった。

ソウタは目を輝かせて答えた。

「うん、僕、東大に行って、ノーベル賞をとる！」

「それなら、中学受験しないとね。東大にたくさん入る学校があるから、そういう学校に中学校から入ったほうがいいんだよ。豊おじちゃんも、晋おじちゃんも、そうやって東大に入ったんだよ」

親戚の名前を出して、葵が入れ知恵する。

「ふーん、中学受験か」

間もなく一〇歳になろうとする少年は、それならやってみようと、気軽に考えた。

都心部ではSピックスやWアカデミーなどが有力なようだが、ソウタが住む千葉県では、I学院が多くの教室を構えている。校舎の外壁には、S幕、I川、T大T邦などという私立中学校の合格者数がでかでかと貼り出されていた。葵はI学院を選んだ。

周囲は小三の二月から通塾しているが、ソウタは半年ほど遅れてのデビュー。「これは一学期にやったよね。夏期講習でもくりかえした。だからもう、みんなできるよね」という前提で授業が進む。ちんぷんかんぷんな様子だった。小学校ではできるほうだったし、将来はノーベル賞をとると豪語していたくらい、勉強も嫌いではなかったはずなのに、塾では勝手が違った。I学院の同じ校舎の生徒の中で、中の中から中の下の位置に甘んじていた。

月に一回ほどの頻度で行われる定例試験の結果を見て葵は、不満そうな表情をソウタの前で隠そうとはしなかった。そのたびにソウタはびくっと萎縮した。

葵は、塾に持っていくお弁当をつくったり、塾に遅れそうなときに車で送り届けたりというサポートはしたが、ソウタの勉強の管理をしたり、丸つけをしたり、いっしょに問題を解いたりということまではしなかった。

受験指南書を読み漁り、あの手この手でわが子に勉強させ、なんとか偏差値を引き上げようとする類《たぐ》いの教育ママではない。絶対に御三家に入りなさいだとか、偏差値六〇以上の学校じゃないと意味がないとか、そういう偏差値至上主義的教育観にも侵されてはいない。ましてや、ママ友とファミレスに集まってドリンクバーを何杯もおかわりしながら、誰それが御三家を諦めたらしいだとか、Sピックスについていけなくて個別指導一本に切り替えたらしいとか、あのお母さんは家庭教師の先生と怪しい関係だとか、子どもを模試会場に送り届けた父親がそのまま若い女と待ち合わせしてホテルに入っていくのを見ちゃっただとか、中学受験のゴシップに花を咲かせるようなタイプでもない。

わが子にできるだけいい教育環境を与えたいと願っているだけの、ごくありふれた母親である。ただしちょっとだけハイソで育ちが良く、いわゆる中間層の競争社会とは無縁なのだ。

成績は相変わらずだが、宿題をこなすペースがようやくつかめてきたちょうどそのころ、葵の母が亡くなった。膵臓《すいぞう》ガンだった。若くして夫を亡くし、その遺産を相続して、女手ひとつで三人の子どもを育てたビッグマザー。末っ子の葵は、一卵性母子といわれるくらい、母親との仲が良かった。その偉大で親愛なる母を失った葵の心には、ぽっかりと大きな穴が開いた。

　そのころから、葵のソウタに対する当たりが強くなっていった。毎週の小テストの結果にしつこく文句を言い、定例試験の結果に泣きわめく。早起きして取り組むことになっているドリル問題でソウタが間違えると、家の中には怒号が飛んだ。それが毎朝のルーティンになっていった。

「なんでこんな簡単な問題ができないの？」

「ちゃんと考えなさい！」

「そんな態度だから何度やってもできないの！」

「ちゃんとやる気を出しなさい！」

「はい、やり直し！」

　ある朝、恐怖で思考が停止し体は硬直し、ソウタは死んだような目からただ透明な液体を分泌して、ダイニングテーブルに座っていた。ここまでは珍しくもなんともない。しかしその日、葵の怒りは暴走した。

「もう、死ねよ」

　たまりかねた竹晴が二人の間に割り込み、ソウタを両腕で包みながら、静かに、しかし腹の底から言った。

「もうやめよう」

すると葵は黙ってキッチンに向かい、何事もなかったかのように朝食の準備を続けた。そして何事もなかったかのようにソウタを小学校に送り出す。表情にも言葉にも感情がまったく表れない。竹晴に対しては、まるで透明人間であるかのように、その存在自体を無視した。

無視はその翌日も、その翌日も続いた。週末の夕食どきにみんなで食卓についても、竹晴の茶碗や箸だけは出てこなかった。

「あれー、ママ、なんか忘れてるね。もう、しっかりしてよ～」

意図的に自分が無視されていることはわかっているが、ソウタの前ではおどけてみせる。そして竹晴は自分で自分の食器を取りに行く。同じ茶番は翌週末も、その翌週末もくりかえされた。

二人とも感情の起伏が大きく、もともと喧嘩の多い夫婦ではあった。大学時代に知り合い、付き合い始めた当初から、友達に止められるほどの激しい言い争いをするのが常だった。むしろ定期的に生じる大喧嘩が、絆を確かめ合う儀式のように機能していた。

だからこのとき葵は、無視という態度を選択した。竹晴にとっては、それが最も大きな精神的ダメージになることを、葵はまったくの無意識で感知していたのだ。

家の中では自分は透明人間。その扱いは、葵の無意識の狙い通り、竹晴の心を着実にすり減らしていった。次第に竹晴も自暴自棄《じぼうじき》になる。

葵がソウタを罵倒していると、それでも竹晴はときどき間に割って入った。それすら無視されると、竹晴もキレて、物に当たった。皿が割れ、グラスが割れ、戸棚のガラスも割れた。それは、声すら聞いてもらえない透明人間が、自分の存在や意思を伝えるために残された最後の手段だった。

もちろん葵は変わらない。それどころか、ソウタへの罵倒はますますエスカレートしていった。

「どうしてわからないの？」

「あなたがやるって言ったんじゃない！」

「やる気がないなら、塾なんてやめちゃいなさい」

「ママはあなたをこんなに情けない子に育てた覚えはありません」

「ママが厳しくしているのは、あなたの将来のためなのよ」

「このままじゃ、あなた、ホームレスになるわよ」

「何よ、その目つきは！」

直接的にはソウタに向けられた言葉という形をとりながら、もはや間接的に竹晴へのあてつけのパフォーマンスになっていった。竹晴の感情を揺さぶり、怒らせ、その怒りを完全にスルーする。それが葵の無意識のゲームだった。


自分が中学受験を始めてから、パパとママが変わってしまったとソウタは感じている。自分の成績が悪いせいだ。そう思えば思うほど、萎縮して、勉強するのが怖くなっていった。もう勉強なんてしたくなかった。でも、自分が勉強をやめてしまったら、パパとママがもっとおかしくなってしまうかもしれない。だから、ソウタは形だけでも勉強を続けた。

小五の夏休みを目前にした定例試験では、偏差値が前回よりも五つも下がった。前回の調子が良すぎただけだったのだが、そんな言い訳は葵には通じない。しかもソウタは夏期講習には申し込んでおらず、竹晴が勝手に見つけてきたサマーキャンプに一カ月も参加することになっていた。

「こんな成績のまま、あなた、本当にサマーキャンプに行くつもりなの？」

サマーキャンプへの参加はソウタが決めたことではない。

「夏休みにほかのみんなは必死で勉強するんだよ。それなのにあなたは長野の山奥で呑気《のんき》に虫取りしたり、川遊びしたり。中学受験をなめてるの？」

なんならソウタはサマーキャンプなんて行かなくてもいい。でもそんなことを口にしたらママはそれを口実にサマーキャンプをキャンセルするだろう。パパへの嫌がらせとして。

そう考えて、ソウタはただ黙ってヒステリックな葵の罵声に打たれていた。

でもその日は、いつまでたっても罵声がやまない。もう三〇分以上怒鳴られ続けている。心理的サンドバッグ状態になりながら、ソウタの脳裡《のうり》には幼いころの両親との思い出が甦《よみがえ》っていた。母親と同じ布団で寝ていたときのぬくもり、父親とのザリガニ釣り、家族三人で出かけた海……。もしかしたら疲れ果てて、半分寝落ちしていたのかもしれない。

「ねぇ、あんた、ちゃんと聞いてるの？」

葵に肩を強く揺さぶられ、我に返る。

その瞬間、ソウタは目の前にあった塾の成績表を、ビリビリに破いて丸めてゴミ箱に捨てた。一連の動作が、よどみなく、美しく決まった。

あっけにとられて、葵の反応が一瞬遅れる。

「調子に乗るんじゃないわよ！」

葵がソウタを思い切りビンタする。

反応が遅れたぶん、余計に力が入った。ダムが決壊するようにソウタの感情が涙となって溢れ出し、止まらなくなった。

そこに、竹晴が帰宅する。

玄関のドアを開けた瞬間に、リビングでただならぬことが起きていることを察知して、持っていたカバンを玄関に置き、足早にリビングに向かう。

「どうしたの？」

透明人間の言葉は葵の耳には届かない。が、竹晴の肩がわなわなと小さく震えるのが、ソウタにはわかった。竹晴の震える両腕が、ソウタを包み込む。

「なんでこうなっちゃうんだ？」

竹晴は葵を見つめながら静かに口を開いた。

「こんなことをして何になるんだ？」

葵は竹晴の言葉には反応せず、ソウタに対して続けた。

「ねぇ、ママの話はまだ終わってないんだけど」

竹晴が会話をインターセプトする。

「いい加減にしなさい」

そこで葵が、数カ月ぶりに竹晴の言葉に反応した。

「あなたこそ、そこ、どいてよ」

ソウタを抱きしめる竹晴の背中を両手で押した。竹晴はソウタを抱えたままよろけそうになる。

「やめろ！」

ソウタを包んでいた片手を放し、その手で葵の腕を払った。

「痛っ！　手を出したわね！」

葵が竹晴につかみかかる。

竹晴はいよいよソウタの体から両腕を放し、葵の突進をはねのけようとする。押されては押し返し、押されては押し返し、葵はリビングの端まで追いやられた。竹晴はそのまま葵をリビングの外に押し出すと、夫婦の寝室に連れて行き、ドアを閉めた。

リビングに一人残されたソウタの嗚咽は、夫婦の寝室から聞こえてくる異様な物音によって止められた。

ドスッ！　ドスッ！

「おい、やめろ、やめろ」

「きゃー」

「やめろっていってるだろ！」

「ぎゃーーーー」

ドスッ！　バン！　ドタドタ！

「やめろ〜！　そんなもの、置きなさい！」

「痛い！」

「危ないだろ！」

ドン！　ガシャン！

何か恐ろしいことが、壁の向こうで繰り広げられている。

ソウタは決死の覚悟で寝室に飛び込んだ。

「もうやめて〜！」

二人の視線がソウタに注がれ、時間が止まる。

次の瞬間、覆い被さるように、竹晴がソウタに駆け寄った。

息ができないほど強く、ソウタの顔面は竹晴の胸に押しつけられた。

そのまえに一瞬見えた、竹晴の鬼気迫る表情に、ソウタは大きく動揺した。あんな表情の父親をこれまで見たことがなかった。

自分の顔面が父親の胸にめりこんでいて息苦しい。でも、温かくて、湿っていて、懐かしい匂いがした。

そのときだった。

ピンポーン！

ドアベルが鳴った。

ガシャ、ガシャ
鍵が開いていたドアから、隣に住んでいる竹晴の母親が血相を変えて駆け込んできた。

「どうしたの？　何があったの？」

ソウタを包む腕が緩み、竹晴の胸とソウタの目の間に数センチのすき間ができた。そこに生まれたわずかな視界の向こうで、葵がハサミのような物をそっとベッドの上に置くのが見えたような気がした。数分前まで、それが竹晴に向けられていたのか、葵自身に向けられていたのかはわからない。竹晴の両腕というたがが外れ、ソウタの体はぶるぶると震えだした。

「あなたたちの声がうちまで聞こえたから……」

竹晴の母の声も震えている。

「母さん、悪いね。ソウタを頼んでいいかな」

「あ、あんたたち、大丈夫なの？」

「大丈夫。でもちょっとふたりで話さなきゃいけないから」

祖母はソウタの手を引き、自分の家に連れて帰った。押し入れから出されたばかりの湿った布団に横になると、ソウタは秒で意識を失った。

目覚めると、なぜ自分が祖母の家にいるのか、ソウタには一瞬理解できなかった。そうだ！　パパとママがひどい喧嘩をしていたんだ。あれからどうなったのだろう。ソウタは起きるなり、不安にとりつかれた。

「いまから連れて行くよ」

電話口で祖母が誰かと話している。相手はおそらく竹晴だろう。

「よく眠れたか？　大変だったなぁ。昔からよく喧嘩していたけど、困ったパパとママだなあ」

ソウタの祖父が苦笑いする。

「もう落ち着いているみたいだから、おじいちゃんたちと朝ご飯食べたら、おうちに戻ろうね」

祖母がやれやれといった表情でソウタの頭をなでる。祖母はほとんど眠れなかったのかもしれない。いつもよりも弱々しい足取りで、台所に向かっていった。

その日が何曜日だったのか、そのあと自分が学校に行ったのか行かなかったのか、戻った家の中がどんな様子だったのか、さっぱりソウタの記憶には残っていない。

寝室に飛び込んだときの両親の鬼気迫る表情と、父親の腕のすき間から見えた刃物の鈍い輝きだけが、しばらくのあいだくりかえしフラッシュバックした。それ以外のことは、断片的にしか思い出せない。もしかしたら悪い夢だったのかもしれない。

とにかく両親の関係は元に戻っていた。元に戻ったと言っても、会話はまったくなく、アイコンタクトすらなく、葵が竹晴をまるで幽霊か透明人間かのように扱う、あの茶番劇のごとき関係のことであるが。

いつのまにか一学期が終わり、夏休みになっていた。いつのまにか、約一カ月間におよぶサマーキャンプに送り出されていた。いつのまにか、見ず知らずの小中学生たちと、寝食を共にしていた。

魚を釣ったり、虫を捕ったりした。何時間も沢を歩いたり、山の尾根を歩いたりもした。冷たい清流に身を任せてみたり、満点の星空の下で寝転んだりした。生まれて初めて野生のホタルを見て、生まれて初めて天の川を見て、生まれて初めて流れ星も見た。

あの日から、すべてが夢の中の出来事のようである。でも、サマーキャンプが終わったときには、世界は広くて優しいんだという実感が、ソウタの心に刻まれていた。

長距離バスのターミナルには、竹晴がお迎えに来ていた。

「どうだった？　楽しかったか？」

「うん！　天の川を見たよ。本当に川みたいに見えた。ヘビも見たし、ハチやムカデに刺された友達もいたよ」

「それはとんだ災難だったな。でも、彼らの世界におじゃまさせてもらっているのは人間のほうだから、文句は言えないな」

このときの父親との間合いに、ソウタはどことなく違和感を覚えた。いつものような会話なのに、いつもとは何かが違った。

　ほんの数日後に、ソウタはそのわけを知ることになる。


　ソウタがサマーキャンプに行っているあいだに、竹晴と葵のふたりは話し合いを重ねた。

「私、もう、いい加減、無理」

「無理じゃないと思うよ」

「いままでも何度も無理って思ったけど、こんどばかりはほんとに無理。あなた、私に手を上げたのよ。そういうのDVって言うのよ」

「それは悪かったけれど、あの状況ではどうしようもなかったじゃないか」

「とにかくもうあなたといっしょにいるの無理だから、お願いだから別れて」

　なんとか関係を修復しようとあらゆる策を練っていたが、〝お願い〟には応えざるを得ない性分の竹晴である。これには心が揺らいだ。

「そこまで言われたら……。いや、でも、もうちょっと考えさせてくれ」

「何度話し合ったって時間の無駄よ。結論は変わらない」

「とにかく、ちょっと、待ってくれ。あと一週間時間をくれ」

いざ離婚するにしても、頭の中を整理する必要があった。

もし離婚することになったら、ソウタはどちらと暮らすのが幸せだろうか。葵の親族は名門大学出身者ばかり。そういうひとたちに囲まれていればソウタの進路選択の目線も高くなるだろう。

かたや竹晴。母は高卒だが、父は中卒。親族中を探したって大卒がほとんどいない。そんななか、まるで突然変異のように竹晴だけ勉強ができて、千葉県の公立進学校に合格できた。高校時代に文学に目覚め、大学では国文学を専攻した。ボランティア活動を行う学生団体で葵と出会った。

葵の親族をソウタのホームベースにしておくほうが、社会階層的な意味で有利に社会を歩いて行けるだろう。どのみちもっていかれるであろう親権を自ら譲ることを、竹晴はそうやって合理化した。

ソウタはすでに思春期にさしかかっており、必ずしも父親がいつも近くにいなくていい年ごろを迎えつつある。面会さえ認めてもらえれば、成長段階に応じた父親としてのメッセージを伝えることはできるはずだ。会えないときは手紙を書けばいい。いつも近くにいる父親に説教臭いことを言われるよりも、もしかしたらよほど響くかもしれない。両親の離婚という現実から目を背けるために、読書や勉強に逃げ込んでくれるかもしれない。それは結果的に彼の世界を広げてくれるかもしれない。

そうして考えると、自分がソウタの父親である自覚さえ忘れなければ、実はソウタにとって失うものはほとんどない。失うものがあるとすれば、〝両親が揃っている〟というよりも、ある家族の形式くらいである。そして自分がソウタの父親であることを忘れるなんてことは、世界がひっくり返ったって、あり得ない。

幸い、妻はそれなりの遺産を相続している。実家の不動産も収益を確保できている。自分だって、世の中並みの父親の役割は経済的な意味でも果たしたいので、養育費をケチるつもりはない。よって葵がシングルマザーになっても、ソウタがお金で苦労する心配はない。ならば、いちどは愛したひとの最後の願いをかなえるのみ。自分が身を引けばいいだけのことだ。ようやく腹が決まった。

一週間後。

「で、どう？　いい加減、別れてくれる気になった？」

無表情の葵が言う。

「うん。わかったよ。親権は争わないから、面会は認めてくれ。俺からはそれだけが条件だ」

「そうと決まれば、そのほかの細かいことは代理人にまかせましょう。こうやって何度も顔を合わせるのはお互い嫌でしょう」

ソウタがサマーキャンプから戻ってくる前に、方向性は決まった。

「一つだけお願いがある。一一月のソウタの誕生日には、二人でキャンプに行かせてくれ。そこで俺から、離婚を説明する」

「ソウタの学校はどうするの？」

「週末に絡めた一日くらい休ませてもいいだろう。俺もその日は休みをもらうつもりだよ」

「私から先に離婚の話をしていい？」

「それは構わない」

「あなたはいつまでここにいるつもり？」

「部屋が見つかり次第、出て行くよ」

サマーキャンプから帰宅すると、竹晴がいないところで、葵からさらりと聞かされた。

「パパとママ、離婚することになったから」

「えっ⁉」

「パパはもうじき家を出ていくから。これからはママと二人暮らしになるのよ」

「嫌だよ！」

「あなたがサマーキャンプに行っているあいだに、パパとママでよく話し合って決めたことだから、わかって」

だったらサマーキャンプなんて行くんじゃなかったとソウタは心底後悔した。

「パパはいつまで家にいてくれるの？」

「あなたの誕生日にはいっしょにキャンプに行きたいって言っていたからそれまではいるでしょうね。でもそのあとのことはママにもわからない」

「嫌だ！　嫌だ！　嫌だ！　嫌だ！」

涙を流して全力で抗議してみるが、母親の冷めた表情はこれっぽっちも動かない。自分がいくらだだをこねたところでどうにもならない事案なんだなと、子どもも心に理解した。

あってはならないことが起こることって、ほんとにあるんだ……。ソウタは、喪失感という巨大なブラックホールに飲み込まれていった。目の前が真っ暗になった。

仕事から帰ってきた竹晴は、いつもと変わらないふうを表面上は装っている。しかし、これまでとは違う、だいぶ遠い視点から、自分を見ていることが、ソウタにはわかった。これがバスターミナルでの違和感の理由に違いなかった。

サマーキャンプから戻ってきて二カ月半後には、竹晴と二人で湖畔でのキャンプに出かけた。そこで竹晴からも離婚を聞かされた。あのテントの中での大雨の夜のぬくもりは、ソウタの身体感覚に深く刻まれた。

二人のキャンプからたった一週間後に、竹晴は家を出ていった。さらにそこから数カ月後、ソウタが小六に進級するタイミングで、葵とソウタも、千葉の家を引き払い、東京都品川区にある葵の実家に引っ越すことにした。築年数的には古いが、豪邸である。

父と暮らした家に父がいない違和感に毎日向き合うよりは、新しい家で新しい生活をはじめたほうが気が楽な気がした。転校するのはちょっと不安だったけれど、きっと楽しい友達に出会えるだろう。隣駅の前にたまたまI学院があったので、校舎を移籍する形で、引き続きI学院で中学受験対策をすることにした。

両親の離婚はとてもとても嫌だったけれど、千葉から東京に移り住み、新しい生活が始まることには、かすかに胸躍る感覚もあった。

竹晴が出ていったあとも、東京に移り住んでからも、葵のソウタに対する態度に大きな変化はなかった。テストの結果が悪いと、ぐちぐちと小言を言われた。

しかしソウタは、母親の心ない言葉にいちいち反応しなくなっていた。文字通り、心がこもっていないわけで、本気でそう思っているわけじゃない。不安や焦りで、つい心にもないことを口走ってしまっているだけなんだと、家を出る前に竹晴が教えた。これはまるでソウタを守る呪文だった。

その後も約束通り、ソウタはいつでも竹晴と面会できた。ソウタの前で、竹晴は決して葵の悪口を言わない。でも、どうしてこうなってしまったのか、理由を独自の視点で分析しては説明した。

「ママが生まれる前に、ママのお父さんは事故で亡くなっちゃったでしょ。それからはバァバが一人でママたちを育てたんだ。だから、ママにとって、母親とは絶対的な存在だった。ママだってパパと結婚して、ソウタが生まれて、両親で仲良く子育てする家族を理想としていたんだと思う。でもママ自身はそういう家族のあり方を知らない。ママの家族では、バァバがすべてを決めていたから。ママにとってはそれが当たり前だったんだよ」

実際、母方の親戚で集まると、祖母の存在感は絶大だった。

言われてみれば、竹晴がいなくなってからの葵は、言動がどこか図太くなった気がする。祖母に似てきたのかもしれない。

「でも、パパがときどきママとは違う意見を言うから、ママは戸惑ったんだろうね。そうなるともはや、ママにとってパパという存在はプログラムの実行を邪魔するバグでしかない。だから排除せずにはいられなかった。そう考えると、なんだかいろいろ腑《ふ》に落ちないか？　ママもどこかで自分を客観視して、自分の思考の癖みたいなものを修正してくれたらよかったし、パパもそれをサポートできればよかったんだけど、だめだった。そのせいでつらい思いをさせて、本当にごめんな」

小学生のソウタにはやや難しい理屈だったが、パパにもママにも正義はあり、ママにはママの事情がいろいろあるんだなということはわかった。

一方で葵は、離婚の原因は竹晴のDVであると、親戚中に触れ回っていた。ソウタに対しても、頻繁に竹晴の悪口を聞かせた。

「あなたのパパはDV男よ。あなたにもあのひとの血が流れているから気をつけなさい」

これにはソウタもムキになって反論した。

「それはママが悪いんでしょ！　だって先に手を出したのはママじゃん！　パパは僕を守ろうとしただけでしょ！」

いちばん言われたくないことを言われ、葵はさらに怒り狂う。でももう、ソウタはそれをいなす術《すべ》を身につけていた。

ところが、東京ではまた別の試練がソウタを襲う。

転校生へのいじめだ。


生まれて初めて、母方の旧姓の内海《うつみ》を名乗って自己紹介した。最初はみんな優しかった。いい学校のいい友達に恵まれたと、ソウタは内心ほっとしていた。しかし彼らは表向き〝いい子〟を演じているだけだった。

打ち解けてきて、〝お客様扱い〟が不要になってくると、徐々にソウタは仲間はずれにされるようになった。自己主張が激しいとか、空気を読まないとか言われた。東京って怖いな……。

あの子ちょっと斜に構えていて、子どもらしくなくてかわいくないなと、先生にまで思われていた節がある。先生まで、いじめを見て見ぬ振りをした。

ソウタの訴えを聞いて、葵は学校に乗り込んで改善を訴えたが、のれんに腕押しだった。アーバンコートの小さな校庭を擁する都心の小学校で、ソウタは完全に孤立した。休み時間には一人で黙々と本を読むようになった。すると、父は次から次へとおすすめの本を手紙で教えてくれた。すすめられるがままに小学校の図書館で借りて読むと、どれも面白かった。

特に海外の冒険ファンタジーものに夢中になった。『モモ』を読んだ流れで、同じ作者の『はてしない物語』も読んだ。過酷な宿命を背負った主人公が、勇気を振り絞り、困難を乗り越えていく物語が好きだった。そんな主人公に自分を重ねていたのかもしれない。

「まあいいや。卒業までどうせあと一年もないんだから。でも絶対にこいつらと同じ中学には行きたくない。そのためには私立の中学になんとしても合格しなくちゃ」

それが大きなモチベーションになって、ソウタは受験勉強を自ら頑張るようになった。さらに、新しい校舎の担当講師との相性が良かったのか、前の校舎よりも少人数クラスであることが吉と出たのか、あるいは人生の試練がソウタ自身の人間的成長を促したのか、引っ越しして校舎を変えてから、成績が上がった。努力が成果に結びつきやすくなっていた。

「俺だってやればできるんじゃん！」

中学受験勉強を始めて約一年半が過ぎて、ようやく手応えをつかんだ。小六の、総仕上げの時期に、滑り込みで間に合った。

このころになると、それまでソウタの勉強の中身にはノータッチだった葵が、苦手な社会科の暗記問題を手伝ってくれるようになった。

テストや模試で間違ってしまった基本的な知識問題を集めておいて、そのなかからランダムに口頭で出題する。

「株仲間を認めたり、長崎での貿易を盛んにした老中は誰？」

「田沼意次！」

「そう！　じゃあ、株仲間を解散させたのは？」

「水野忠邦！」

「正解！」

食事中や寝る前のちょっとした時間に行われるこのやりとりは、いつしか「ママちゃん先生」と呼ばれるようになった。

これが意外にソウタの自信につながったし、何より親子で中学受験している気になれて、ソウタのやる気を励ました。

A布、K社、K東、T輪、T駒など、家から通える距離にたくさんの名門男子校があった。母親に連れられていろいろな学校の文化祭を見学したが、印象に残っているのはA布の文化祭だ。来校者のことなどおかまいなしで、生徒たち自身がいちばんに楽しんでいる雰囲気が良かった。でも、すごく難しい学校だということも、あとから知った。

ソウタの持ち偏差値は、I学院の偏差値で五〇台後半。たまに何かの教科で六〇以上の偏差値をとれると、すごく嬉しかった。その実力からすると、狙えそうなのはT輪、高望みしてK社。K社をチャレンジ校に、T輪を実質的な第一志望校として対策をした。

余計な受験はしたくなかったので、おためし受験はしなかった。その代わりに、初日に確実に妥当校の合格をとっておこうという塾のアドバイスに従って、二月一日はあえてK社ではなくT輪を受けることにした。二日に、受かればラッキーというくらいのつもりで、

K社の二回目の入試を受ける作戦だ。

一般的には一回目の入試よりも二回目の入試のほうが難易度は上がるが、I学院の偏差値一覧によれば、K社の場合、一回目も二回目もさほど難易度は変わらない。であれば、一日を手堅くT輪に使おうというアドバイスだった。

これが功を奏す。

いつもどおりやれば受かるだろうと思っていたので、一日の朝はまったく緊張しなかった。

「お寺の中が通学路なんだよね。じゃあ、お寺がお休みのときはどうしたらいいんだろうね」

赤穂浪士の墓があることで有名な寺の境内を通り抜けながら、そんな軽口を叩く余裕すらあった。

校門付近には、たくさんの塾関係者が詰めかけて、それぞれの塾ののぼりを立てて、自塾の生徒を見つけては握手をしながら励ましの声をかけていた。いわゆる門前激励である。

I学院の先生がソウタを見つける。

「内海くん、おはよう。調子良さそうだね。いつもの調子でやればきっと受かるから、リラックスしてね」

「はい、わかりました。ありがとうございます。精一杯やってきます」

「おお、頼もしい。その調子！」

ソウタの手を両手でぎゅっと握る。ポケットの中のカイロで手のひらを温めておいたのだろう。とっても温かくて、それだけでふわっとリラックスできた。

「お母さんもお疲れ様です。お母さんが緊張すると、テレパシーでソウタくんまで緊張しちゃいますから、お母さんこそリラックスですよ。でも、大丈夫そうですね」

「ありがとうございます。実は緊張して、昨日から私のほうが胃が痛いくらいです」

「初日はみんなそうですよ。でも笑顔になれているから、大丈夫です」

お祭り騒ぎのようになっている塾もある。嬉しそうに激励される子もいれば、恥ずかしそうにしている子もおり、迷惑そうにしている子もいる。

みんな一生懸命なんだなあ、なんて他人事のようにその様子を眺めながら、ソウタは校門をくぐった。

自分の受験番号が貼られた机を見つけて腰かける。八時二〇分には全員が着席し、試験監督が穏やかな口調で諸注意を説明する。一教科めは国語。国語と算数は五〇分間ずつ、社会と理科は三〇分間ずつ。合計たった一六〇分間で勝負がつく。この一六〇分間のために自分たちはどれだけの時間を勉強に費やしてきたのだろうかと考えると、さきほどまでちょっと緩んでいた気持ちに適度な緊張感が加わった。

八時四〇分。

「始めてください」

受験生が一斉に問題用紙をめくり、解答用紙に鉛筆の芯がコツコツと当たる音が静かに響く。

教科と教科のあいだには二〇分間の休憩がある。出なさそうでも毎回トイレには行っておけと、塾で言われている。三回の休憩時間にそれぞれトイレに行った。ほぼ全員がトイレに行くので、出遅れると思ったより時間がない。休憩時間には、I学院の友達にも会えた。同じ小学校の友達も見かけたが、声はかけなかった。

国語と算数の二教科を終えた時点で、高得点をとれている手応えがあった。社会と理科でよほどの大失敗をしない限り、大丈夫だろうと思えた。その後、理科の滑車の問題にはちょっと苦戦するも、大きなミスはしていない。過去問を解いた経験からすれば、これならきっと受かっている。

一二時二〇分に入試は終了し、受験番号の順番に誘導される。わが子はいつ出てくるのだろうと文字通り首を長くしてたくさんの保護者が待ちかまえる中に母の顔を見つけた。

葵もソウタに気づき、小さく手を振る。

「どうだった？」

「うん、普通にできたと思うよ」

「そう！　よかった」

午後入試は入れていなかったので、学校近くのファミレスでランチを食べたあとはＩ学院の自習室に向かった。ソウタ以外の受験生はほとんど午後入試を受けており、自習室にはソウタしかいなかった。そのぶん、翌日のＫ社の対策をマンツーマンでしてもらえた。

夕方五時にＴ輪の発表がある。そのちょっと前に葵が塾にお迎えにやって来て、塾の先生たちがいる前で、スマホで合格発表を確認した。

「先生、受かってます！」

「おー、やったな！　おめでとう。お母さんもおめでとうございます。これで明日のＫ社に、怖いものなしで挑めますね。もし万が一、今日のＴ輪がだめだったら、四日もＴ輪を挑戦するようにおすすめしようと思ってました。でもこれで、明日に集中できます。あと半日で、内海くんの中学受験は終了だね。だから明日は思い切り楽しんで、力を出し切っておいで」

「はい。わかりました」

家に着いてから、ソウタは葵に聞いた。

「ねぇ、パパに電話してもいいでしょ」

「そうね」

ソウタは竹晴の携帯に電話した。

「パパ、T輪に受かったよ！」

「うん、パパもさっき見たところだった。よくやったなぁ。頑張ったね。明日はK社だったよな。最後の受験だ。楽しんでくるんだぞ」

「うん。頑張る！」

二日のK社も、落ち着いて受験できた。前日のマンツーマン指導で教えてもらった図形問題とそっくりの問題が出て、試験中に思わず「おっ！」と声を出してしまったくらいに驚いた。

入試会場から出てくるソウタに葵が駆け寄る。

「どうだった？」

「難しかったけど、昨日やった問題が出たよ」

「じゃあ、もしかしたら……？　とにかくよくやりきったね。何かおいしいものを食べて帰りましょう」

葵の表情がいままでとはまるで違う。まるで憑きものが落ちたかのようだ。ソウタは忘れていたママの素顔を久しぶりに見た気がした。僕、合格したし、いまならパパとママももういちど仲直りできるんじゃないかな。ついそんなことを考えるソウタであった。

夜八時、家のパソコンからK社の合格発表専用サイトにアクセスする。ソウタが受験番号を入力する。葵は祈るようなしぐさをして目を閉じる。

「押すよ」

カチッ
マウスのクリックボタンが沈むと、画面に「合格」の文字が浮かび上がった。

「やった！　受かってる！　ママ、受かってるよ！」

「おめでとう！　すごいね！　すごいね！」

ソウタは急いで竹晴にも知らせた。

「もしもし」

「あ、パパ。K社も受かったよ！」

「おめでとう。最高の結果だな」

「うん。実は僕も受かるとは思ってなかった。でも、昨日塾で教えてもらったのとそっくりの問題が出たから、もしかしたらって思ってたんだ」

「それはラッキーだな。でも運も実力のうち。先生にも感謝しなきゃね」

父に言われて思い出す。塾にも報告の電話をしなきゃ。

「ママ、塾にも電話するんでしょ」

「そうね、問題を的中してくれた先生にお礼を言わなきゃね。先生のおかげよね」

「うん！」

昨日算数の指導をしてくれた先生は、問題が的中したことに大喜びしつつ、それにしたって持ち偏差値以上のチャレンジ校で合格を勝ち取ったのはすごいことだと、ソウタの健闘を称えた。そして、ここからが本当のスタートだぞ、六年間を悔いなくすごしなさい、と釘を刺すのも忘れなかった。

平均で五校も六校も受験し、併願戦略によっては五日や六日までずれ込む長期戦になることも珍しくない昨今の中学受験において、ソウタの中学受験は二日の夜に、あっさりと、最高の形で幕を閉じた。

家庭円満の神様にはそっぽを向かれたけど、中学受験の神様には微笑んでもらえた。どっちの神様に微笑んでもらえるのが幸せなのかはわからない。でもこうなったからにはこれでよかったのだと、ソウタは思うようにした。


ラッキーもあって合格できたK社では、やはり学力的には下のほうだった。クラスで最下位の成績をとり、教室ではいちばん前の席に座らされた。それを知った葵は怒り狂った。

「何なの、この成績は？」

「うるさいなぁ。もうほっといてくれよ！」

「こんな成績見せられて、ほっとけるわけないでしょ！」

ソウタも負けてはいない。葵の罵声に怒鳴り返し、取っ組み合いになることもしばしばだった。

「やっぱりあなたにはあのDV男の血が流れているのよ！」

それが葵の決まり文句だった。ソウタはそんなのまったく気にしなくなっていた。あんまりにもムカつくと、竹晴に電話して、話を聞いてもらった。竹晴は落ち着いた口調で、葵との付き合い方のコツを伝授してくれた。

「誰だってそうなんだけど、怒りに支配されてしまうと、理屈が通用しなくなるんだ。ママは怒りに支配されやすい。いくらお前が正論をぶつけても、どうでもいい論点を次から次へとつくり出し、自分の非を認めようとはしない。それでもお前が理路整然と話をもとに戻そうとすると、ママは自分のプライドが傷つくという意味での身の危険を感じ、捨て身の攻撃をしてくる。それがパターンになっているはず。だから、ママがそうなってしまったら、わからずやの妖怪に取り憑かれてしまったんだと思うしかない。どんなに誠意をもって論理を重ねても火に油。妖怪に早くいなくなってもらうには、いったんこっちが口を閉じるしかないんだ」

　これだけ広い視野で状況をとらえて自分の役割を果たしてくれるのに、なんでパパだけ仲間はずれで暮らさなきゃいけないんだろうか。ソウタは竹晴のことが気の毒でしょうがなかった。

　一一月には、竹晴と寿司を食べに行って、そこで一三歳の誕生日プレゼントをもらった。何やら大きな箱だった。家に帰って自分の部屋でこっそりと開けると、髭剃りや頭髪につけるワックスなど、男の身だしなみセットが入っていた。

なぜかちょっと恥ずかしくなって、ママには知られちゃいけないと思って、押し入れの奥のほうに隠すように、でも大事に大事に、しまった。

いっしょに暮らしていれば、髭の剃り方なんかを直接教えてやれるし、いっしょに髭剃りを買いに行ったりすることだろう。立場的にそれができない竹晴が、それでも男親の役割を果たそうと考えて選んだプレゼントだった。

毎月のように送ってくれる手紙には、ソウタの心の中を見透かしたようなことがいつも書かれていた。まるで吉野源三郎の『君たちはどう生きるか』に出てくるコペル君のおじさんのようである。

ソウタにとっては、いっしょに暮らしている母親よりも、離れて暮らす父親のほうが、心理的には近い感じがしていた。物理的に近くに父親がいなくても、寂しくはなかった。

しかし高一で、竹晴の再婚を知らされたときには、ソウタは激しく動揺した。

いつものように二人で食事に出かけたとき、さりげなくポストカードを渡された。そこには、見知らぬ若い女性と自分の父親が並んで笑顔で写っているという、ソウタにとっては実に奇妙に見える写真に、「結婚しました」という文字が載っていた。しかも女性のおなかには赤ちゃんがいるという。

最初は、へぇ〜と、ちょっと驚いただけだった。でも、食事を終えて、家に帰って一人になると、じわじわとブルーな感情がこみ上げてきた。

大好きな自分の父親が、離れて暮らしていても家族だと思っていた父親が、自分とは別のところに別の家族を形成しようとしている。別の子どもの父親になってしまう。大好きな僕のパパが、僕のパパでなくなってしまう！　大好きなパパに裏切られたような気がした。

竹晴の再婚については、葵も知らされているはずであったが、家の中でそれが話題にされることはいっさいなかった。ソウタも、自分の父親が再婚するという現実を受け入れられず、竹晴からの食事の誘いを何度か連続で断った。どんな顔をして会えばいいのかわからなかった。

現実から目を背けるように、ソウタはますます読書と勉強にのめり込んでいった。高二では理系の上のほうのクラスに入ることができた。バイオテクノロジーの研究をしたいと思って、有名な研究者がいる筑波大学を目指すことにした。その研究者のことを教えてくれたのも実は竹晴であったのだが。

また、中学ではテニス部に所属していたが、高校からは軽音楽部に入った。テニス未経験者だったソウタは、テニス部では使えない存在だった。でも、軽音楽部では、言葉にならない感情を音で表現する楽しさを知り、自分を解放できるようになった。自分が変わっていくのがわかった。考えてみればこれは、音楽系の大学を出ている母親の影響かもしれない。

蛙の子は蛙というわけか……。

幸い、竹晴の再婚に対するわだかまりの気持ちは、高校を卒業するまでにはすっかり解消していた。

竹晴の家に招かれると、母親違いの弟はすぐにソウタになついた。竹晴が、この幼子の父親であると同時に、自分の父親でもあり続けてくれていることがわかり、安心した。ソウタが大学受験勉強をしている最中に、さらにもう一人、子どもが生まれた。竹晴の新しい家族は、ソウタにとっても自分の家族のようだった。

家族って何なんだろう？　親子って何なんだろう？　いろんな形があっていいんだなとわかった。それはソウタの人生に対する視野を広げた。

希望通り、筑波大に進学し、卒業した。大学院に進むつもりだった。しかし卒業間際になって、自分がやりたかったのは心理学だったことに気づく。いままでやってきたことがとんでもない回り道だったように思えてきて、一時期は鬱《うつ》状態になった。それでも勉強をやり直し、二浪して東大に三年次から編入した。いまは東大の大学院にいる。研究者として大学に残るつもりだ。

白衣は着ていないけれど、そういえば、東大に入ってノーベル賞をとるんだと、子どものころに言っていたことを思い出した。ノーベル賞なんて考えてはいないが、結局戻るところに戻っていくんだなという気もする。

現在二六歳。まだ結婚はしていないが、共に暮らすパートナーはいる。


竹晴にはいま三人の子どもがいる。竹晴の妻は楽しくておおらかで、頻繁に家に遊びに行かせてもらう関係だ。長男の家庭教師まで引き受けている。少しでも生活費の足しになればという竹晴の気遣いであることにソウタは感づいている。

ソウタがまだ小学校の低学年だったころ、学校で友達に怪我をさせてしまったことがあった。いつもより早めに帰宅した竹晴は、ソウタを真っ暗な板の間に呼んだ。竹晴は正座をして待っていた。

「そこに座りなさい」

ソウタも正座する。

「何があったのかを説明しなさい」

「うーんと、えーっと、友だちにドッヂボールをとられて、取り返そうとして、蹴飛ばしたら、口に当たっちゃって、唇が切れて、血が出た……」

「顔を蹴っちゃだめだろ」

「はい」

「二度とそんなことはするな」

「はい」

「歯を食いしばれ。目をつぶれ」

ゴツン！

ゲンコツが落ちて、ソウタの頭の中に火花が飛んだ。

「おしまい。行っていい」

いつもはおどけてばかりだが、ただ甘いだけではない。そんな父親だった。きっと弟たちにも同じようにしているんだろう。

大人になってから、ソウタは何気なく竹晴に聞いてみたことがある。

「再婚することにためらいはなかったの？」

「ためらいはあったよ。ソウタが傷つくんじゃないかって。でも、そこにとらわれていちゃだめだ、何が起こるかわからないけれど人生を常に展開していかなきゃ、それをソウタに見せることも自分の役割だ、と思ったんだ」

かたや葵は、相続した豪邸で一人暮らし。ときどきソウタが様子を見に行くととても喜ぶが、結局毎度、竹晴に対する恨みを聞かされる。

結婚して、自分はキャリアを犠牲にして子育てをした。音楽系の大学を出ていたので、本当は音楽活動を続けたかったし、ピアノ教室のようなこともしてみたかったらしい。離婚しても子どもの面倒を見るのは自分で、新しいパートナーと出会うチャンスすらなかった。そうまでしても結局ソウタは家を出ていき、自分は一人暮らし。寂しいと訴える。

別れた両親が歩む人生の明暗の意味を、ソウタはときどき考える。

男女の立場の違いはたしかにあるだろう。でもそれだけではない気がする。人生はときに痛みを伴いながら常に予測不能な形で展開していくものだとする人生観と、自分のなかにある理想の人生に現実を当てはめていこうとする人生観の違いかもしれない。

いま子どもの立場からすれば、離婚する必要があればしたらいいと思う。ふたりが歩んでいきたい人生の方向性にずれが生じているなら、片方がどう頑張っても無理なんだと思う。

離婚してしまえば、それぞれの親がそれぞれのやり方で子どもにかかわることができる。たとえば片方の親が仮に毒親であったとしても、片方の親が意図的にそれを中和することができる。両親が夫婦であることにこだわっていると、子どもに向かうべきエネルギーが夫婦間で消費されてしまうのではないか。

また、両親の離婚を経験した子どもの立場からは、こんなことも言ってみたい。

子どもには子どもの人生があるのだと認識する必要が親にあるのと同様に、親には親の人生があるのだと子どもも認識したほうがいい——。

離婚するかどうかは、親の人生の問題である。

両親の離婚のショックも、自分の父親が再婚するショックも、ソウタは味わった。それらが子どもの人生に小さからぬ傷を与えることは間違いないだろう。しかしそれでもなお、離婚するのかしないのか、再婚するのかしないのかは最終的には親の人生だ。

自分を守るために親の人生を縛ってしまうと、自動的に自分の人生が親の人生に紐付けられてしまう。それは、自ら、自分の人生を親の人生に隷属《れいぞく》させてしまうことを意味する。子どものころにはただショックだけを感じるだろうが、人生について深く考えられるようになる思春期後半くらいにはきっと、自分の人生と親の人生は切り離して考えるべきであることを理解できるようになるはずだ。

中学受験は、夫婦がお互いにうすうす気づいていながら見ようとしなかった部分を、子どもという存在を通して浮かび上がらせてごまかせなくするイベントなのだと思う。

夫婦のズレに気づいてもなお、かつて思い描いた〝理想の人生〟に現実をむりやり当てはめて自縄自縛《じじょうじばく》な人生をおくるのがいいのか、人生の未規定性に開かれていくのがいいのか――。子どものためにどちらを選ぶのが正解かという発想ではなく、わが子にはどちらの人生を歩んでほしいかを想像して、そういう人生をまず親自身が選択すればいいのではないだろうか。

ショックや回り道をいろいろ経験し、大小さまざまな傷を負ったけれど、それらの傷がソウタにとっての大きな問いを形成し、人生をかけて向き合うテーマになった。それが自分にとっては心理学の道だったのだといまソウタは感じている。それもそのうち変わるのかもしれないが。

自分もいずれ結婚するかもしれないし、親になるかもしれない。人生の大きな選択に迷うことがあるかもしれない。進むべき方向性やペースがわからなくなるかもしれない。

でも、大丈夫。これがお守りだ。

ソウタの机の引き出しには、あの夜の湿った匂いが染みついた『モモ』がある。

何も予定がない休日にはときどきそれを持ち出して、近所にある池の畔《ほとり》のベンチに腰掛ける。都会の片隅にある小さな自然を求めてやってきた家族連れが、スワンボートを楽しんでいる。

水面《みなも》のきらめきは、ソウタの心の切なくて懐かしい部分をくすぐる。

解説

夫婦の違いをどうとらえるか

ソウタへのインタビューのあと、父親の竹晴本人にも話を聞くことができた。子どもだったソウタの記憶にはおぼろげなところもあったが、それを補うことができた。そして驚いたことに、肝心の部分に関しては、二人の記憶がぴたりと一致していた。

ソウタから聞いたキャンプ場での情景描写を伝えると、竹晴は感慨深そうに、「やっぱり覚えていてくれたんですね」と語った。

また、中学受験を経験した子どもたちを受け入れる側の立場でもある竹晴が語る中学受験観は、一人でも多くの中学受験の親たちに読んでもらいたい、切実な内容だった。まだ一二歳しか生きていない子どもたちをぎりぎりまですり減らし、ときに傷つけてまで受験してほしいとは、学校側もまったく思っていないのだ。

ちなみに、第三章に描かれるソウタの中学受験は新型コロナウイルス流行のずっと前の話である。リアル掲示板の合格発表は、いまでは珍しくなってしまった。それについて竹晴はこうも述べている。

「コロナ以降、いまの教員はそういう場面を目にしません。入試を通して自分たちがどんなに残酷なことをしているのかという実感に、いまの教員たちはだんだん乏しくなっているのではないかと不安になります」

ソウタの入試当日のいわゆる門前激励のシーンについても、ここ数年の中学受験生たちは経験していない。入試当日の未明から、校門の周辺に各中学受験塾が場所取りをして、のぼりを立て、入試会場へと向かう自塾の生徒たちを励ますのだ。

いつごろ始まったのか定かではないが、年を追うごとに塾同士の競争は激化し、コロナ前にはまるでお祭り騒ぎのような異常な事態になっていた。場所取りを巡る塾同士のトラブルが発生することもしばしばだった。

コロナ禍でそれがなくなり、実は多くの塾関係者が安堵の声をもらしている。「塾同士の競争が度を超しており、負担が大きかった。もはや受験生のためにもなっていなかったと思うが、やめるにやめられなかった。コロナが終息しても、もう復活しなくていい」と言うのだ。

決して楽ではなかった数年間の旅路の最後、入試会場の門前で親子は離ればなれになる。その感慨深いシーンにふさわしいBGMは静寂ではないかと私も思う。

さて、本書の主題である夫婦関係については、ひびが入り、それが溝になり、深い谷底になっていく過程を回想しながら、「それぞれのスタンダードに引っ張られていくんだなと思いました」と竹晴は述べた。

大卒がほとんどいない一族に育った竹晴。学力より生きる力、学歴より知恵、精神力よりずる賢さ、塾よりキャンプを重んじる。かたや一流大学出身者ばかりの一族で育った葵。しかも不慮の事故で、将来を嘱望される人材であった父を亡くし、「お父さんが生きていればいまごろ……」と、一家はその喪失感からいまだに抜け出せていない。

文化が違えば価値観が違う。ならば子どもを思う気持ちは同じでも、アプローチの仕方が違って当然だ。そこで、どちらのアプローチが正しいかを争う綱引きを始めてしまうか、自分たちが子どもに対して複数のアプローチをもっていると思えるかが、夫婦のあり方を大きく左右する――。

これが、三つのエピソードを通して得られる、本書の核となるメッセージである。

不和は関係性が生きている証

ソウタが冒険ものの海外ファンタジーにはまる様子も描いた。これはちょっと隠喩《いんゆ》的なシーンである。もちろん創作ではなく、実話である。

『はてしない物語』にせよ『指輪物語』にせよ、冒険物語には古今東西の神話に共通するパターンが踏襲されている。「分離→通過儀礼→帰還」だ。

慣れ親しんだコンフォートゾーン（快適な場所）からの分離を余儀なくされた主人公が、数々の試練を乗り越えて飛躍的な成長を果たし、英雄としてもといた世界に帰還する。同じ世界に戻ってきても、試練をくぐり抜ける前と後では生きている次元が変わる。

このパターンは、中学受験で子どもたちが経験することとも似ている。だから私はよく、中学受験を現代社会におけるリアルでガチな大冒険と表現する。

また、このパターンで成長するのは、個人だけではない。人間関係も同じように成長する。夫婦関係しかり。

蜜月関係にある夫婦が、なんらかのきっかけにコンフォートゾーンを離れるか留まるかの選択を迫られる。コンフォートゾーンを離れることで、そのまま関係性が壊れてしまうリスクはある。逆に、コンフォートゾーンに留まり続けると、じわりじわりと関係性は腐る。

必要なときにコンフォートゾーンを離れ、試練を経験し、再びコンフォートゾーンに戻ってくるサイクルをくりかえさない限り、関係性は成長しない。その意味で、ときどき夫婦の不和を経験することは、決して悪いことではないのだ。

むしろ、夫婦喧嘩のようなものがまったくないのは不自然でもある。どちらかが無理をしているか、あるいは、相手を子ども扱いして手のひらで転がしている可能性がある。いずれにしても健全な関係性ではない。

緑川夫婦の場合、学生時代から喧嘩を重ねて「分化度」（一三九ページ参照）を上げてきたはずであったが、中学受験の渦中において葵の母の死が葵の分化度を一時的に急降下させたことが亀裂の原因だとも考えられる。

一方、両親の離婚、いじめ、中学受験、成績不振、父の再婚、大学進学の回り道、そして鬱など、数々の試練を乗り越えてようやく自分の進むべき道を見つけた現在のソウタには、『はてしない物語』のアトレーユのごとく、冒険物語の主人公にふさわしい佇まいが備わっている。

そう、第三章のこの物語そのものが、ソウタの冒険物語なのである。

「課題の分離」を子どももすべき

本書の取材を始めたとき、子どもの立場での証言をとることは想定していなかった。しかし、中学受験で夫婦関係が壊れる事例を取材しているという雑談から、ソウタが当事者であることがわかり、話を聞くことができた。

子どもの視点が得られたことで、単なる離婚の是非論や回避術に収斂《しゅうれん》されることなく、本書の視界は一気に広がった。


子どもには子どもの人生があるのだと認識する必要が親にあるのと同様に、親には親の人生があるのだと子どもも認識したほうがいい――。


ソウタが自分と同じような立場にある子どもたちに向けて発したこのアドバイスは、本書の読者である大人にとっても大きな気づきをもたらすものだったに違いない。当事者以外にはなかなかに発することのできないメッセージでもある。

本来他人が解決すべき課題を引き受けてしまう癖がひとにはある。特に夫婦や親子など、親密な関係において起こりやすい。しかしそれをしてしまうと、課題はいつまでたっても解決できない。課題の当事者が何もしなくなってしまうからだ。

たとえば、中学受験で子どもの成績が上がらない。成績が上がらないと希望の中学校に進学できない。それでは子どもが思い描く将来が得られない……。だから、親が子どもの成績を上げる責任を引き受けてしまう。本来子どもの課題であることが、親の課題に置き換わってしまっているのがわかるだろう。でも実際には多くの中学受験親子に起きていることだ。

そこで、課題を本来の当事者に戻すのが「課題の分離」という考え方である。心理学者のアルフレッド・アドラーが提唱した概念だ。「その課題に最終的に結論を出すべきなのは誰か」「その課題の責任を最終的に負うべきなのは誰か」という二点に集約される。

勉強を頑張るか頑張らないか、その結果志望校に受かるか受からないか、進学先で得られる環境を最大限に活かすか活かさないか……。すべては子どもが結論を出すべきことであり、子どもが責任を負うべきことである。

心配して口を出すのは親の性《さが》ではあるが、親に責任はない。それなのに、勝手に自分の責任だと思い込むから親は、解決できるはずもない子どもの課題を横取りし、勝手に空回りして、過熱する。

子どもの人生は子どものものだと、親がまず認識する必要がある。

子どもの発達のための諸条件のうち、もっとも重要なもののひとつは、子どもの人生において重要な役割を演じる人物が、そうした潜在的可能性にたいして信念をもっているかどうかということである。その信念があるかどうかが、教育と洗脳のちがいである。教育とは、子どもがその可能性を実現していくのを助けることである。教育の反対が洗脳である。これは、子どもの潜在的可能性の成長にたいする信念の欠如と、「大人が望ましいと思うことを子どもに吹きこみ、望ましくないと思うことを禁止すれば、子どもは正しく成長するだろう」という思いこみにもとづいている。

（エーリッヒ・フロム『愛するということ』鈴木晶訳より）

親が自らの不安を抑えきれないからといって、子どもを洗脳してはいけない。洗脳すれば中学受験においては成果を出しやすいかもしれないが、子どもが失うものは想像以上に大きい。失うものを端的にいえば、ときに傷つくことや回り道もいとわずに、自分で自分の人生を選びとる能力だ。

過干渉気味の母親に育てられたソウタであったが、「これは僕の人生だ。ほっといてくれ」と態度で示す。洗脳されてはいなかった。離れて暮らす父親の存在が精神的な防御壁になっていたのかもしれない。だから、傷つきながらも、回り道しながらも、自分の人生を手放さない。

さらにソウタはそこで終わらず、見事に視点を転換してみせた。それが先のアドバイスである。

両親の課題に結論を出すべきなのは両親であり、その結果に責任を負うべきなのも両親である。自分の人生と両親の人生は別物。いくら子どもであるとしても、両親の人生の決断に口を挟むのは越権行為である、と。

無論、子どもは両親の決断に多大な影響を受ける存在だ。だからこそ、竹晴はソウタへの影響を考え抜いた。でもそこで気づく。失うのは結婚という社会制度上の形式だけであって、自分が親としての気持ちをなくさなければ、ソウタが失うものは最小化できる。むしろ、自分たちの課題に真正面から向き合い、真摯に解決する姿勢を見せることこそ、ソウタへの教育になるのではないか。

感情的な「情動のカットオフ」(一四二ページ参照)としての離婚はいただけないが、ここまで考え抜いたうえでの離婚は、家族のそれぞれが進むべき道を進むためのきっかけになる。いわゆる発展的解消である。

しかし、妻の葵にとっての離婚は情動のカットオフにすぎなかった。それがその後の二人の明暗を分けたように私には思える。離婚という人生の一大事を人間的成長の糧にできたかどうかと言い換えてもいい。

ちなみに、本書の三つのエピソードの中で、すっぱりと離婚に踏み切れたのはソウタの両親だけだ。しかも女性の側から離婚を切り出していることがポイントだ。

妻にそれなりの財産があったことが大きな要因であるように思われる。日本のシングルマザー家庭の貧困率は際立って高い。男女の賃金格差が激しいうえに、養育費が約束通りに支払われないケースも少なくない。女性にとって、子ども連れでの離婚はあまりにもハードルが高いのだ。女性を家庭に縛り付ける社会構造的な力が働いているようにすら感じられる。

見たくないものを直視する覚悟

父親の再婚を知らされて、高一だったソウタは大いに動揺する。竹晴も息子の動揺を予期していなかったわけではない。それでも再婚に踏み切ったのは、自分の人生を展開させていきたいと思ったからだと言う。当時はなんだよそれ！と思ったが、いまはよくわかる、とソウタ。

ひとの親であったとしても、人間はあくまでも自分の人生を生きなければいけない。「子どものため」「夫のため」「妻のため」「あなたのため」を理由に、自分の人生の展開を諦めてはいけない。それは、自分の生きづらさを他人や社会のしくみのせいにすることだ。

離婚を推奨する意図はない。しかし、離婚は悪であり極力避けるべきという思い込みに縛られる必要もなさそうだ。竹晴のように考え抜いたうえで、したければすればいい。それでもなお、いっしょにいることを夫婦がともに選択するのなら、それは奇跡のような幸運なのかもしれない。

本書執筆のための補足取材として、三つのエピソードのほかにもたくさんのオフレコ話を聞いた。共通していたのは、中学受験そのものが夫婦関係の破綻の直接の原因ではなく、中学受験をきっかけに、それまで目を背けていた課題に向き合わなければいけなくなったということである。

どんな課題が吹き出すかは、やってみなけりゃわからない。中学受験するにあたって夫婦関係の破綻を防ぐためにしておくべきことは何かと聞かれても、答えられるのは唯一、見たくないものを直視する覚悟である。

あとがき

最初に断っている通り、本書に出てくる塾名や学校名は、実際のモデルが通っていた塾や受けた学校や進学した学校ではない。レベル的にも雰囲気的にも似ている別の塾や学校に置き換えて、さらにイニシャル表記にしている。登場人物の名前は当然ながら創作だ。家族構成も変えている。センシティブな話題を扱っている以上、なんとしても個人の特定を避けなければいけないが、実際の中学受験の緊張感をできるだけリアルに伝えるための苦肉の策であった。その意味でセミ・フィクションである。ただし、第一章のくり上げ合格も第二章の特待合格も決して演出ではなく、事実である。

一方で、どのようなきっかけで夫婦のあいだに亀裂が生じ、それが大きくなり、埋めようのない溝になっていったのかという心情的なプロセスについては、かなり事実に忠実に描いた。部分的にはどこの家庭でも日常的に起きていることだろう。悪条件が重なれば、坂道を転がり落ちていくように夫婦関係は崩壊の一途を辿《たど》る可能性があるということだ。しかし夫婦関係の終了が人生において必ずしも負《ふ》を意味しないことは、第三章の解説で述べたとおりである。

このような本が出ると、いま中学受験をきっかけにした離婚が増えているのかと、多くのひとが疑問を抱くだろう。中学受験に挑戦する親子が増えれば増えるほど、そして親にとっての中学受験の負荷が大きくなればなるほど、「中受離婚」は増えると考えられるが、そのようなデータは調べたことも見たこともない。ただ個人的には、中学受験家庭における夫婦間葛藤の話を聞く機会は増えているように感じる。以前は良くも悪くも母親主導だった中学受験に、昨今は父親もコミットするケースが増えたからではないか。

結婚とは何か、夫婦とは何か、家族とは何か——。中学受験はときにそんな大きな問いまで私たちに突きつける。難問に挑まなければいけないのは子どもだけではないし、成長するのも子どもだけではないのである。

二〇二三年一〇月　おおたとしまさ

おおたとしまさ

教育ジャーナリスト。1973年、東京都生まれ。
麻布中学・高校卒業。
東京外国語大学英米語学科中退、
上智大学英語学科卒業。
リクルートから独立後、
数々の育児・教育媒体の企画・編集に関わる。
教育現場を丹念に取材し
斬新な切り口で考察する筆致に定評があり、
執筆活動の傍ら、
講演・メディア出演などにも幅広く活躍。
中学・高校の英語の教員免許、
小学校英語指導者資格をもち、
私立小学校の英語の非常勤講師の経験もある。
著書は80冊以上。
公式X（旧ツイッター）@toshimasaota
公式HP：http://toshimasaota.jp/

中《ちゅう》受《じゅ》離《り》婚《こん》 夫婦《ふうふ》を襲《おそ》う中学受験《ちゅうがくじゅけん》クライシス

2023年11月7日　第1刷発行

著　者　　おおたとしまさ
発行者　　樋口尚也
発行所　　株式会社　集英社
〒101-8050
東京都千代田区一ツ橋2-5-10
電話　編集部　03-3230-6143
　　　読者係　03-3230-6080
　　　販売部　03-3230-6393（書店専用）

印刷所　　TOPPAN株式会社
製本所　　株式会社ブックアート

ブックデザイン　後藤正仁
校正　　鷗来堂

ISBN 978-4-08-788092-2　C0036